ASTROLOGIE FÜR KINDER

EIN LUSTIGER WEG, STERNZEICHEN ZU LERNEN UND ZU MEISTERN SOWIE DEINE POTENZIELLE ZUKUNFT ZU ENTDECKEN!

ANIELA PUBLICATIONS

ANIELA
publications

durch die Verwendung der in diesem Dokument enthaltenen Informationen entstehen, einschließlich, aber nicht beschränkt auf Fehler, Auslassungen oder Ungenauigkeiten.

INHALT

KAPITEL 1
WILLKOMMEN IN DER ERSTAUNLICHEN WELT DER ASTROLOGIE!

Vor Tausenden von Jahren glaubten die Menschen, dass die Sterne am Nachthimmel besondere Kräfte hätten. So wie die Götter dein Leben verändern konnten, dachten alle, dass die Sterne Menschen dazu bewegen könnten, sich in bestimmter Weise zu verhalten. Es mag jetzt seltsam klingen, aber damals ergab es vollkommen Sinn. Sie wussten bereits, dass die Sonne die Temperatur änderte und die Welt erhellte. Sie wussten auch, dass der Mond die Gezeiten kontrollieren und die Ozeane bewegen konnte. Warum sollten die Sterne also nicht auch Dinge kontrollieren?

Vor langer Zeit bemerkten Menschen, die in den Nachthimmel schauten, dass es Muster in den Sternen gab! Sie achteten darauf und erkannten, dass sich diese Muster über den Nachthimmel bewegten, aber sie erschienen immer an der gleichen Stelle an den gleichen Daten. So, schufen diese Beobachter die Astrologie: ein erstaunliches Werkzeug, um ihnen zu helfen, durch den Himmel zu navigieren und darauf zu achten, was die Sterne und Planeten tun! Astrologen glauben, dass Menschen auf der Erde durch die Position der Sterne weit oben beeinflusst werden können und dass die Astrologie uns sogar über Ereignisse hier auf der Erde informieren kann. Die antiken Astrologen teilten das Jahr in 12 verschiedene Bereiche auf, wobei jeder Bereich auf einem verschiedenen Muster am Himmel basierte. Sie nannten diese Muster Konstellationen und organisierten sie in einem Kreis, den sie Tierkreis nannten. Diese 12 Bereiche oder Teile sind als Steinbock, Wassermann, Fische, Widder, Stier, Zwillinge, Krebs, Löwe, Jungfrau, Waage, Skorpion und Schütze bekannt.

Der Tierkreis zeigt zwölf verschiedene Zeichen - meistens Sternzeichen genannt - und diese Zeichen haben jedes Jahr für etwa 30 Tage einen starken Einfluss. Astrologen glauben, dass jedes Zeichen beeinflussen kann, wie eine Person sich entwickeln wird, wenn sie unter seinem Einfluss geboren wird. Sie verbrachten Jahre damit, die Menschen um sie herum zu studieren und entdeckten die Ähnlichkeiten von Menschen, die unter demselben Zeichen geboren wurden. Diese Eigenschaften wurden zur Grundlage für die unterschiedlichen Persönlichkeitsmerkmale der Sternzeichen.

Astrologie ist keine strenge Reihe von Charakterzügen, die sich nicht ändern werden, sondern eine unterhaltsame Art und Weise, ein Gefühl der Zugehörigkeit und des Verstehens von Dingen zu haben, die uns so einzigartig machen! Es gibt so viele Dinge, die die Art und Weise bestimmen, wie wir uns verhalten, fühlen oder ausdrücken. Dinge wie Kultur, Erfahrungen, wer unsere Freunde sind und so weiter. Denke also daran, Astrologie kann ein lustiger Weg sein, um herauszufinden, welche Charakterzüge du mit anderen teilen könntest, die das gleiche Sternzeichen haben (oder sogar ein anderes Zeichen!). Du könntest Dinge sagen wie: „Ich kann nicht anders, als meine gute Laune im Raum zu verbreiten; ich bin Löwe!" oder „Wow! Mein bester Freund ist so hilfreich - typisch Stier."

EIN BLICK IN DIE VERGANGENHEIT - WO LIEGT DER URSPRUNG DER ASTROLOGIE?

Historiker nehmen an, dass es Astrologie, oder eine Form von Astrologie, bereits gab, seitdem wir alle in Höhlen lebten! Höhlenmalereien sind einfache Kunstwerke, die auf die Steinmauern von Höhlen und Gestein gezeichnet oder in sie eingemeißelt wurden. Forscher, die dafür verantwortlich sind, sie zu studieren, haben bemerkt, dass einige der Tiere, die auf den

Bildern gezeichnet sind, überhaupt keine Tiere sind - sie zeigen tatsächlich die Konstellationen am Nachthimmel!

Diese Höhlenmalereien zeigen uns, dass die frühen Menschen die Positionen der Sterne nutzten, um wichtige Ereignisse wie einen Kometen, der die Erde trifft, vorherzusagen. Einige dieser Höhlenmalereien sind 40.000 Jahre alt! Die Menschen blicken schon sehr lange zu den Sternen auf, und die meisten von ihnen sind dieselben Sterne, die wir heute sehen.

DIE KONSTELLATIONEN

Die Muster, die die Menschen am Nachthimmel sehen, werden Konstellationen genannt. Sie sind Gruppen von Sternen, die mit einer imaginären Linie verbunden werden können, um ein Bild zu kreieren. Einige dieser Sternbilder wurden in Höhlenmalereien gefunden, was bedeutet, dass sie sehr alt sind. Der Stier wurde schon in der Bronzezeit an Wände gemalt! (Die Bronzezeit sind die Jahre zwischen 3300 und 1200 v. Chr., in etwa. Genau die Zeit, als Menschen das Rad erfanden und begannen, mit Metallen zu arbeiten!)

Weil die antiken Menschen sich immer darauf verlassen konnten, dass die Sternbilder oben am Himmel waren, benutzten sie sie, um die Zeit und die Monate im Auge zu behalten. Genau wie du vielleicht einen Kalender auf deinem

Handy hast, benutzten antike Menschen die Sternbilder als eine Art Kalender am Himmel.

Jedes Sternzeichen im Tierkreis ist nach einem anderen Sternbild benannt. Die meisten von ihnen sind Tiere, aber andere sind Menschen oder Objekte, die in populären griechischen Mythen auftauchen.

ASTROLOGIE IN ANTIKEN ZIVILISATIONEN

Höhlenmenschen mögen Muster in den Sternen gefunden und sie benutzt haben, um Daten zu verfolgen, aber erst viel später begannen antike Astrologen, dieses Denken in richtige Systeme zu organisieren. Was wirklich interessant ist, ist, dass die Menschen in verschiedenen Ländern auf der ganzen Welt ähnliche Bilder sahen und unabhängig die gleichen Berechnungen machten.

BABYLONISCHE ASTROLOGIE

Babylonien war Teil von Mesopotamien, einem großen Gebiet im heutigen Nahen Osten. Hier nutzten die Astrologen die Position der Sterne und Planeten, um die Jahreszeiten vorherzusagen und die beste Zeit für Aussaat, Ernte, Jagd und Fischfang zu bestimmen. Dies war eine wichtige Information, um das Volk zu ernähren und gesund zu halten. Babylonische Astrologen teilten das Jahr in zwölf verschiedene Abschnitte ein, die später die Tierkreiszeichen werden sollten.

Die Babylonier glaubten auch sehr an Omen. Omen sind Zeichen dafür, dass etwas Gutes oder Schlechtes passieren wird. Sie entdeckten viele dieser Omen in den Sternen und benutzten sie, um große Veränderungen vorherzusagen.

GRIECHISCHE ASTROLOGIE

Die Griechen verbrachten viel Zeit damit, in andere Länder einzumarschieren, und wenn sie es taten, lernten sie die Technologie und Wissenschaft dieser Länder kennen. Alexander der Große, ein bedeutender griechischer Herrscher, marschierte in Babylonien ein und brachte die Geheimnisse der Astrologie nach Griechenland zurück. Mit zusätzlichen Informationen von griechischen Astrologen wurde eine neue Form der Astrologie geboren - eine, die dein Sternzeichen verwendete, um ein Horoskop zu erstellen, das Vorhersagen über dein Leben machen konnte.

ÄGYPTISCHE ASTROLOGIE

Astrologie in Ägypten entwickelte sich unterschiedlich von der babylonischen Astrologie. Die Ägypter waren mehr daran interessiert, einen regelmäßigen Zyklus der Sterne aufzuzeichnen, deshalb teilten sie das Jahr in 36 verschiedene Teile, die Dekane genannt wurden. Jeder Teil wurde durch das Erscheinen eines neuen Sterns signalisiert. Als die Ägypter von den Griechen überfallen wurden, teilten sie diese Informationen mit ihnen. Die Griechen erkannten, dass die Dekane mit ihren Tierkreiszeichen übereinstimmten, wenn sie sie in Dreien gruppierten.

Die Ägypter verbanden ihre Dekane auch mit den vier verschiedenen natürlichen Elementen: Erde, Luft, Feuer und Wasser. Diese werden heute noch mit den verschiedenen Sternzeichen assoziiert und sind zu einem wichtigen Teil der westlichen Astrologie geworden.

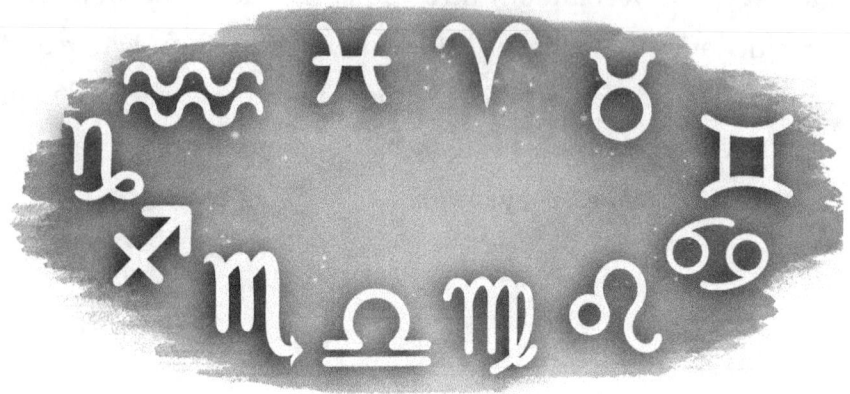

WESTLICHE ASTROLOGIE

Alle Beiträge dieser verschiedenen Zivilisationen führten zu dem, was wir heute in der Astrologie verwenden. Die westliche Astrologie hat zwölf Sternzeichen, die in einem Rad angeordnet sind. Dies macht es wirklich einfach, die Zeichen zu sehen, die einander gegenüberliegen, sowie die Zeichen, die nebeneinander sind. Jedes Zeichen beeinflusst jedes Jahr den gleichen Zeitraum, so dass es wirklich einfach ist, dein Sternzeichen zu identifizieren.

Die westliche Astrologie verwendet viele verschiedene Elemente, wenn sie eine Vorhersage über eine Person trifft. Sie schaut auf das Geburtszeichen sowie auf den Ort, an dem sich die Planeten an dem Tag befanden, an dem man geboren wurden. Das liegt daran, dass die westliche Astrologie die Erde und alles auf ihr als eine einzige Lebensform behandelt, so dass wir alle von den gleichen Veränderungen beeinflusst werden, die stattfinden.

In der westlichen Astrologie hat jedes Sternzeichen seinen eigenen herrschenden Planeten. Diese Planeten sind mit Persönlichkeitsmerkmalen und Fähigkeiten verbunden, die der Planet mit Menschen teilen wird, die unter seinem Einfluss geboren wurden. Jedes Zeichen ist auch mit einem natürlichen Element verbunden. Die Zeichen, die das gleiche Element teilen, haben gemeinsame Vorlieben und Verhaltensweisen, was bedeutet, dass sie gut miteinander auskommen.

DIE CHINESISCHEN TIERKREISZEICHEN

Nicht nur in Europa und im Nahen Osten war die Astrologie populär; chinesische Astrologen hatten zu einer sehr ähnlichen Zeit ihr eigenes System entwickelt. Die chinesische Astrologie unterscheidet sich von der westlichen Astrologie, weil sie ein Zeichen für das ganze Jahr hat. Ihre Zeichen sind alle nach verschiedenen Tieren benannt, aber es gibt immer noch zwölf von ihnen. Alle zwölf Jahre wiederholt sich der Zyklus.

DAILY HOROSCOPE

Dear Gemini, a new and exciting friendship is on the horizon! Be sure to keep your eye out. If someone new in class compliments your shoes, or helps you with a math problem, this could be your new BEST friend!

MAY 21-JUNE20

MODERNE ASTROLOGIE

Astrologie war jahrhundertelang ein wirklich wichtiger Teil des Lebens der Menschen in Europa und Asien. Reiche Menschen zahlten dafür, ihre Horoskope von Astrologen lesen zu lassen und würden diese Informationen nutzen, um Entscheidungen über ihr Leben zu treffen. Sogar Könige und Königinnen würden auf der Grundlage von Informationen der Sterne über Schlachtpläne entscheiden oder wen sie heiraten sollten. Es war für den Adel üblich, einen Hofastrologen zu haben, der sie über Glückszeiten und gute Vorzeichen auf dem Laufenden hielt.

Am Ende des 18. Jahrhunderts begannen Wissenschaftler zu verbreiten, dass es vielleicht logischere Erklärungen für Ereignisse gäbe und dass Astrologie möglicherweise nicht sehr genau sei! Dies bedeutete, dass viele Menschen aufhörten, sich auf Astrologie zu verlassen, um ihnen Dinge zu sagen, wie die Wettervorhersage und wo sie ihre Tempel bauen sollten. Obwohl einige Menschen in dieser Zeit aufhörten, an Astrologie zu glauben, gibt es immer noch unzählige Menschen, die ihren Glauben nicht verloren haben und sie für viele verschiedene Dinge verwenden.

Heute sind die Menschen weitaus offener für unterschiedliche Überzeugungen, und die Astrologie ist zurückgekehrt. Wir wissen, dass die Wissenschaft einige Dinge beweisen kann, andere wiederum nicht. Das bedeutet, dass antike Ideen, einschließlich Astrologie und Alternativmedizin, nie als richtig oder falsch erwiesen wurden. Die Leute werden diese Dinge nutzen, wenn sie möchten. Manche Menschen meinen es mit ihrem Glauben sehr ernst, während andere Astrologie als eine Ressource empfinden, die sie lose interpretieren können.

Wie du die Informationen in diesem Buch verwenden möchtest, liegt ganz bei dir!

KAPITEL 2
LUSTIGE FAKTEN ÜBER DIE STERNZEICHEN

Bevor du mehr über dein eigenes Sternzeichen herausfindest, werfen wir einen Blick auf einige lustige Fakten über alle Zeichen. Ein lustiges Zeichen hat mehr Kinderdarsteller hervorgebracht als jedes andere und ein weiteres wird wahrscheinlich ein Milliardär sein, wenn es erwachsen ist, und welches Sternzeichen hatten die meisten US-Präsidenten? Vielleicht wird dieses Buch ein kleiner Blick in deine eigene Zukunft sein. Schließlich sagen die Leute oft, dass die Zukunft in den Sternen steht!

Viele der weltbesten Athleten sind mit dem Sternzeichen Wassermann geboren. Dazu gehören aktuelle Sportstars sowie die historischen Größen aus allen möglichen Sportarten.

Muhammed Ali, Michael Jordan und die große Babe Ruth teilten sich alle dieses Sternzeichen, also muss es ziemlich toll sein, ein Wassermann zu sein.

Fische gehören zu den glücklichsten Menschen auf dem Planeten, vor allem bei der Arbeit. Sie genießen ihre Arbeit mehr als die meisten anderen Zeichen. Vielleicht liegt das daran, dass sie ihre Karrieren sorgfältig auswählen, oder vielleicht genießen sie es einfach, sich nützlich zu fühlen und in der Lage zu sein, einen Unterschied zu machen.

Widder sind die vorsichtigsten Fahrer und folgen den Straßenverkehrsregeln - die einzigen Tickets, die sie erhalten, sind die aus der Spielhalle! Das heißt aber nicht, dass sie immer langsam sind: Die legendären Rennfahrer Jacques Villeneuve und Ayrton Senna wurden unter dem Zeichen Widder geboren und sie waren definitiv nicht langsam am Steuer!

Erwischst du dich dabei, viele auswendig gelernte Fakten zu rezitieren und deine Freunde zu beeindrucken? Du könntest ein Stier sein; sie sind dafür bekannt, die erstaunlichste Erinnerung zu haben. Diejenigen, die unter dem Zeichen Stier geboren werden, haben Spaß daran, riesige Mengen an Informationen aufzubewahren, so dass sie wirklich gut in Schultests sind!

Zwillinge machen natürliche Detektive, weil sie wirklich aufmerksam sind. Sie sind das Zeichen, das am besten bei der Lösung visueller Rätsel wie Suche den Fehler, oder Wortsuche ist. Ok, Wörtersucher werden nicht bei der nächsten Olympiade antreten, aber Rätsel können ein lustiger Partytrick sein, um deine Freunde zu beeindrucken!

Krebse sind harte Arbeiter und sehr intelligent, weshalb sie eines der Zeichen sind, die am ehesten mehr als EUR 100.000 im Jahr verdienen! Nur weil du ein Krebs bist, ist dir nicht garantiert, dass du diese Art von Geld jemals zu Gesicht bekommen wirst, ohne super hart dafür zu arbeiten, aber es gibt etwas Besonderes an diesem Zeichen, das dich dazu bringt, gut abzuschneiden.

Einige der Sternzeichen haben von Natur aus viel Energie, und eines davon ist der Löwe. Wusstest du, dass du im Fitnessstudio eher einen Löwen findest als jedes andere Zeichen? Sie lieben es, aktiv zu sein, zu trainieren und fit zu bleiben.

Offensichtlich gibt es Milliarden von Menschen auf der Welt, also teilen sich viele Menschen den gleichen Geburtstag. Aber es gibt einen besonderen Geburtstag, der von mehr Menschen geteilt wird als jeder andere, und er steht zufällig im Sternzeichen der Jungfrau. Was ist das für ein besonderer Tag? Es ist der 9. September.

Welches Sternzeichen gehört zu den meisten Milliardären der Welt? Laut der Forbes Rich List ist es das Zeichen der Waage. Es gibt derzeit 32 Waage-Milliardäre in der Welt; das sind 12 % der gesamten Milliardäre! Wirst du einer von ihnen sein, wenn du groß bist?

Auch Skorpione haben viel zu bieten, denn dieses Sternzeichen hat uns mehr Weltführer beschert als jedes andere Zeichen: Unter diesem Sternzeichen sind insgesamt 22 aktuelle und ehemalige Präsidenten und Ministerpräsidenten aus verschiedenen Ländern geboren. Selbst in den USA gab es mehr Skorpion-Präsidenten als jedes andere Zeichen.

Liebst du es, aufzutreten und träumst du davon, auf der Bühne zu stehen oder auf einer Leinwand zu sehen zu sein? Wenn du ein Schütze bist, hast du eine gute Chance, dass dieser Traum wahr wird. Wenn du auf einige der größten Prominenten zurückblickst, die als Kind ins Rampenlicht getreten sind,

sind viele, und zwar sehr viele, Schützen. Dazu gehören Promis wie Britney Spears und Scarlett Johansson.

Wenn du ein Steinbock bist, kannst du dich besonders fühlen, weil du zum am wenigsten verbreiteten Zeichen gehörst. Das bedeutet, dass es auf der ganzen Welt weniger Steinböcke gibt als jedes andere Sternzeichen. Während der vom Steinbock regierten Daten findest du auch die zwei seltensten Geburtstage, und zwar den 25. Dezember und den 1. Januar. Es ist fast so, als ob Eltern nicht zu viele Geschenke gleichzeitig kaufen wollen!

Bist du bereit herauszufinden, welches Sternzeichen dir gehört? Lies weiter, dann wird alles enthüllt.

KAPITEL 3
SO FINDEST DU DEIN STERNZEICHEN

Du wusstest wahrscheinlich, wann dein Geburtstag ist, aber wussten du, dass dein Geburtstag dir verrät, was dein Sternzeichen ist? Bei deiner Geburt gab es ein Sternzeichen, das den Nachthimmel beherrschte. Astrologen glauben, dass das besondere Zeichen, das in dem Moment erscheint, in dem du geboren wurdest, deine Persönlichkeit dein ganzes Leben lang beeinflussen wird. In den nächsten Kapiteln erfährst du alles über die Tierkreiszeichen und wie sie dich mutig, fürsorglich, lustig und kreativ machen können. Zuerst musst du aber wissen, welches Zeichen du bist.

• Wenn dein Geburtstag auf oder zwischen dem 20. Januar und dem 18. Februar fällt, dann bist du ein luftiger Wassermann.

• Vom 19. Februar bis zum 20. März ist das herrschende Zeichen Fische, wenn also dein Geburtstag auf oder zwischen diese Daten fällt, bist du einer dieser sensiblen Fische.

• Zwischen dem 21. März und dem 19. April ist Widder verantwortlich. Dieser Widder gehört dir, wenn dein Geburtstag auf oder zwischen diese Daten fällt.

• Wenn du deinen Geburtstag am oder zwischen dem 20. April und dem 20. Mai feierst, dann stehst du unter dem Einfluss des erdigen Stiers, des großen Bullen.

• Fällt dein Geburtstag auf oder zwischen dem 21. Mai und dem 20. Juni? Wenn die Antwort ja ist, dann wird das Paar der Zwillinge im Element Luft über dich wachen.

• Vom 21. Juni bis 22. Juli ist Krebs, die Krabbe verantwortlich. Wenn dein Geburtstag auf oder zwischen diese Daten fällt, dann wirst du dich bei diesem wässrigen Zeichen wie zu Hause fühlen.

• Zwischen dem 23. Juli und dem 22. August ist die Domäne von Leo, dem Löwen beherrscht, der die Menschen, die an oder zwischen diesen Daten geboren sind, mit seinem Feuergebrüll beeinflusst.

• Wenn dein Geburtstag auf oder zwischen dem 23. August und dem 22. September fällt, stehst du unter dem erdigen Einfluss der Jungfrau.

• Bist du am oder zwischen dem 23. September und dem 22. Oktober geboren? Wenn ja, bist du so ausgeglichen wie dein luftiges Sternzeichen Waage.

• Vom 23. Oktober bis 21. November ist die Zeit des Skorpions. Dieses Zeichen im Element Wasser beeinflusst jeden, der an oder zwischen diesen Daten Geburtstag hat.

• Zwischen dem 22. November und dem 21. Dezember ist das Zeichen, das den Himmel regiert, der Schütze. Wenn du an oder zwischen diesen Daten geboren wirst, dann werden dir seine feurigen Pfeile den Weg weisen.

• Schließlich, wenn dein Geburtstag am oder zwischen dem 22. Dezember und dem 19. Januar liegt, bist du ein Steinbock. Diese mythische Halbziege, Halbfisch, ist das letzte Erdzeichen auf unserer Liste.

Jetzt, da du weißt, was dein Sternzeichen ist, kannst du alles darüber herausfinden, was das bedeutet. Wenn du dein Zeichen kennst, kannst du verstehen, warum du einige Dinge mehr magst als andere. Es kann dir auch helfen, herauszufinden, warum dir einige Dinge leichter und andere schwerer fallen.

Informiere dich nicht nur über dein eigenes Zeichen. Wenn du die Sternzeichen deiner Freunde und deiner Familie kennst, könnt ihr euch einander besser verstehen. Hast du einen Freund, der immer ruhig ist und Schwierigkeiten hat, mit deiner stürmischen Art mitzuhalten? Klingt, als wärst du ein Feuerzeichen, und dein Freund ein Wasserzeichen. Anstelle von energischer Aktivität würde er gerne Zeit damit verbringen, etwas Kreatives mit dir zu tun. Könnten du und dein bester Freund den ganzen Tag in einer Fantasiewelt spielen? Ihr seid wahrscheinlich beide Luftzeichen, die es lieben, zu träumen und Abenteuer in imaginären Welten zu erleben.

KAPITEL 4
WASSERMANN

Der Wassermann steht an erster Stelle auf dieser Liste, weil es das Sternzeichen ist, das seinen Einfluss im Januar beginnt, aber es ist eigentlich das 11. Zeichen des Tierkreises. Es ist ein Luftzeichen und wird oft durch ein Symbol aus zwei horizontalen Zickzacklinien dargestellt, die den Wind darstellen sollen.

Der herrschende Planet für Wassermann ist Uranus, der siebte Planet von der Sonne. Dieser kalte, blaue Planet beeinflusst die Zukunft, weshalb Wassermänner so gut darin sind, vorauszuplanen. Es verleiht diesem kühlen Sternzeichen auch seine Farbe, was hellblau zu einem wichtigen Einfluss macht. Viele Menschen denken, dass Wassermann ein Wasserzeichen ist, weil es mit der Farbe Blau verbunden ist, aber das ist nicht der Fall.

Ein weiterer Grund, warum die Menschen fälschlicherweise glauben, dass Wassermann ein Wasserzeichen ist, ist, weil das Sternbild Wassermann nach einem jungen Mann benannt wurde, der einen Krug mit Wasser trägt. Dieses Sternbild ist bekannt als Wassermann, der Wasserträger.

Alle Sternzeichen haben ihre eigenen Glückszahlen. Sie könnten dir etwas Besonderes bedeuten, oder du könntest die Chance bekommen, sie in Zukunft zu nutzen, um dir selbst etwas mehr Glück zu verschaffen. Für Wassermann sind die Glückszahlen 4, 7, 11, 22 und 29.

ALLES ÜBER DEN TOLLEN WASSERMANN!

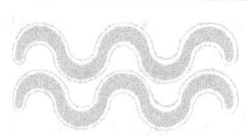

Wenn du ein Wassermann bist oder einen Freund/eine Freundin hast, die unter diesem Sternzeichen geboren wurden, erkennst du vielleicht einige dieser Persönlichkeitsmerkmale. Wassermänner benutzen ihre Gehirne gerne. Sie wollen neue Dinge lernen und haben Freunde, mit denen sie darüber sprechen können. Deshalb sind sie am glücklichsten, wenn sie an einem Gruppenprojekt arbeiten, weil sie viele Leute haben, mit denen sie ihre Ideen besprechen können.

Man kann oft einen Wassermann tief in Gedanken finden und der versucht, alle Probleme der Welt zu lösen. Dies bedeutet jedoch, dass sie sich schnell langweilen können, wenn sie nichts Herausforderndes tun. Wassermänner werden oft von kreativen Themen wie Kunst und Musik oder von erfinderischen Themen wie Wissenschaft und Technik angezogen. Das liegt daran, dass sie die Grenzen des Themas verschieben und neue und spannende Projekte entwickeln können.

Weil sie gerne viel denken, sind Wassermänner oft still. Du wirst nicht oft feststellen, dass sie aufgeladen und voller physischer Energie sind - diese Art von Verhalten wird eher von den

Feuerzeichen erwartet. Diese ruhige Qualität macht sie zu guten Zuhörern, vor allem, wenn du ihnen deine Probleme mitteilst. Sie können dir helfen, Lösungen zu finden und dich ermutigen, über Probleme auf neue Weise nachzudenken.

Eine weitere gute Eigenschaft, die vom Wassermann kommt, ist, dass sie alles besser machen wollen. Sie mögen es, das Leben aller um sie herum zu verbessern. Als Erwachsener könnte das bedeuten, neue Erfindungen zu schaffen oder gemeinnützige Arbeit zu leisten, und als Kind könnte das bedeuten, den Rasen seines Nachbarn zu mähen oder bei der Hausarbeit zu helfen. Wassermänner stehen gerne für das ein, woran sie glauben, was sie wirklich gut darin macht, sich für eine Sache einzusetzen. Ein Wassermann wäre ein toller Klassensprecher!

LUFTIGE WASSERMANN-ABENTEUER!

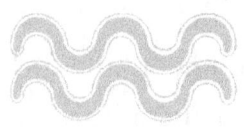

Es kann eine Weile dauern, bis sich ein Wassermann an jemanden gewöhnt hat. Wenn du also das Glück hast, einen als Freund zu haben, stelle sicher, dass du immer freundlich zu ihm bist. Wassermänner sind kein Fan von gebrochenen kleinen Versprechungen oder davon enttäuscht zu werden. Sie nehmen sich Streitigkeiten zu Herzen und haben tiefe Gefühle. Tatsächlich fühlen die Wassermänner all ihre Emotionen sehr stark, was großartig ist, wenn sie glücklich und aufgeregt über etwas sind.

Wassermänner mögen es nicht, sich einsam und ausgelassen zu fühlen. Sie lieben es, in einer Gruppe zu sein, aber manchmal können sie auch ein wenig schüchtern sein, sich einzumischen. Das Beste, was du für einen Freund tun könntest, der ein Wassermann ist, ist, ihn einzuladen, mit dir zusammen etwas zu unternehmen und sicherzustellen, dass er sich immer einbezogen fühlt. Im Gegenzug belohnen sie dich mit interessanten Gesprächen, Loyalität und vollem Engagement.

FREUNDSCHAFTEN FÜR WASSERMANN!

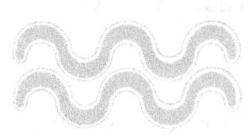

Menschen mit den Sternzeichen Waage und Zwillinge schließen immer gute Freundschaften mit einem Wassermann. Sie sind auch Luftzeichen, und alle drei neigen dazu, ähnlich zu denken. Luft- und Feuerzeichen können auch gute Freunde sein, weil sie alle hervorragenden Antrieb zeigen können.

Schützen verstehen sich auch gut mit dem Wassermann. Die Zeichen sind auf dem Tierkreisrad sehr eng beieinander, was bedeutet, dass sie viel gemeinsam haben. Beide lieben es, Abenteuer zu erleben und neue Dinge auszuprobieren. Sie lieben auch interessante Gespräche und Aktivitäten, bei denen sie gemeinsam lernen können.

Ein weiterer guter Freund für einen Wassermann ist ein Löwe. Sie sind gegensätzliche Zeichen, haben aber noch viel gemeinsam. Sie sind beide ihren Freunden gegenüber loyal und lieben es, Zeit in Gruppen zu verbringen. Beide Zeichen kümmern sich sehr um ihre Freundschaften und werden sie immer unterstützen und pflegen.

KÜNSTLERISCHE KARRIEREN FÜR WASSERMANN!

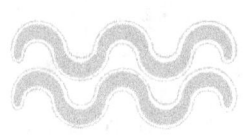

Das Wassermann-Zeichen kreiert gerne neue Dinge, weshalb es viele gute Wassermann-Musiker und -Schauspieler gibt. Wenn du dich schüchtern fühlst, auf der Bühne zu stehen, gibt es viele andere Jobs in derselben Branche, wie Kostüme zu machen oder als Background-Sänger zu fungieren.

Sie sind auch daran interessiert, neue Dinge zu entdecken und Probleme zu lösen, was bedeutet, dass die Arbeit an der Entwicklung neuer Technologien sie erfüllen würde. Wassermänner lieben es, anderen zu helfen. Wenn diese neue Technologie Krankheiten behandelt oder die Gesellschaft verbessert, ist das noch besser. Weil Wassermänner so gut darin sind, Dinge zu erklären und es lieben, andere zu erziehen, sind sie oft fantastische Lehrer.

KAPITEL 5
FISCHE

Die Fische sind das zwölfte und letzte Zeichen des Tierkreises. Sie haben ihren Namen von einem Sternbild zweier Fische, daher ist es nicht verwunderlich, dass Fische ein Wasserzeichen sind. Eine besondere Farbe für den Fisch ist hellgrün.

Der herrschende Planet der Fische ist Neptun, der achte Planet, der von der Sonne entfernt ist. Neptun wird als Eisriese bezeichnet, weil er groß, frostig und mit eisigen Chemikalien bedeckt ist, aber das bedeutet nicht, dass Fische kalte Menschen sind. Tatsächlich bedeutet von Neptun regiert zu werden, dass ihr eine große Vorstellungskraft und eine starke spirituelle Seite habt.

Wie alle anderen Sternzeichen haben Menschen, die unter Fischen geboren wurden, ihre eigenen Zahlen, die ihnen in ihrem Leben helfen.

Möglicherweise wirst du bemerken, dass sie immer wieder in Dingen wie deiner Telefonnummer, Adresse oder den Adressen deiner Freunde auftauchen. Für Fische haben die Zahlen 3, 9, 12, 15, 18 und 24 eine besondere Bedeutung.

LERNE DIE ANGENEHMEN FISCHE KENNEN!

Fische sind große Träumer und verbringen ihre Zeit damit, über mystische und fantastische Dinge nachzudenken. Sie sind extrem aufgeschlossen und könnten sich damit beschäftigen, Antworten auf die großen Fragen zu finden, wie warum ist der Himmel blau, warum sind Flamingos rosa und warum muss ich ins Bett?

Wenn du Fische kennst, sind sie wahrscheinlich die Freunde, die die beste emotionale Unterstützung geben. Wenn du traurig bist, werden sie da sein, mit einer Schulter zum Anlehnen und einem Ohr, um all deinen Problemen zuzuhören. Fische werden oft als einfühlsam bezeichnet, was bedeutet, dass sie gut darin sind, die Emotionen anderer Menschen zu spüren und mit ihren eigenen sehr verbunden sind. Sie werden sich glücklich fühlen, wenn du es bist, und traurig, wenn du es bist, was dazu beiträgt, dass sich ihre Freunde nicht allein fühlen.

Fische interessieren sich sehr für die Gefühle ihrer Freunde. Wenn du sie brauchst, werden sie alles tun, um der beste Freund zu sein und dich zu unterstützen. Tatsächlich ist die

Unterstützung ihrer Freunde und Familie eine ihrer größten Prioritäten. Wenn du ein Fisch bist, dann vergiss einfach nicht, auch auf dich selbst aufzupassen! Aber meine Güte, sind deine Freunde und deine Familie nicht glücklich, dich zu haben?

Wie Wassermann lieben Fische es, kreativ zu sein, und wenn sie keine Musik spielen, keine Geschichten schreiben oder Bilder malen, könnten sie das Gefühl haben, dass ihre Energie langweilig wird. Viele Fische wählen eines dieser Hobbys als Karriere, entweder, um andere zu unterrichten oder sie selbst aufzuführen.

Fische sind sehr freundlich und genießen es, neue Leute kennenzulernen, was es ihnen leicht macht, Freunde zu finden. Du weißt, dass du ihnen deine Geheimnisse erzählen kannst, weil sie sehr vertrauenswürdig sind. Fische haben ein großes Herz mit Platz für alle. Sie lieben ihre Freunde, ihre Familie und ihre Haustiere sehr.

FISCHE PERSÖNLICHKEITEN SIND SO POSITIV!

Fische bevorzugen es, die Welt in einem sehr positiven Licht zu sehen, in dem alle Freunde sind. Wenn sie also sehen, dass jemand ein großer Fiesling ist, kann sie das wirklich aufregen. Fische glauben fest daran, andere so zu behandeln, wie sie selbst behandelt werden möchten.

Weil Fische so kreativ sind, können sie traurig werden, wenn jemand nicht sofort Spaß an seiner Arbeit hat. Fische werden Herz und Seele in ein Projekte stecken. Wenn also jemand nicht schnell zeigt, wie sehr er es mag, könnten Fische sich dies zu Herzen nehmen. Sie sind künstlerisch engagiert, um andere glücklich zu machen, und wenn das nicht funktioniert, kann es Fische sehr traurig machen.

KUMPELS FÜR FISCHE!

Fische versuchen gerne, mit allen auszukommen, aber sie werden feststellen, dass einige Zeichen sie glücklicher machen als andere. Sie fühlen sich zu den anderen Wasserzeichen wie Skorpion und Krebs hingezogen, finden es aber auch einfach, sich mit den Erdzeichen anzufreunden.

Jungfrau und Fische arbeiten gut zusammen, weil sie beide das Gleiche von einer Freundschaft erwarten: jemanden, der immer für sie da ist. Sowohl Jungfrau als auch Fische genießen es, anderen zu helfen und unterstützend zu sein. Indem sie also mit einer Jungfrau befreundet sind, haben Fische auch jemanden, der sich um sie kümmert.

Stier ist ein weiteres Zeichen, das gut mit Fischen zurechtkommt, obwohl die beiden Zeichen entgegengesetzte Eigenschaften haben. Ein Stier betrachtet die Welt auf eine sehr realistische Weise, und ein Fisch ist eher ein Träumer. Gemeinsam arbeiten sie gut, um sich gegenseitig auszugleichen. Beide verbringen auch gerne Zeit mit jemandem, der ihnen unterschiedliche Denkweisen zeigen kann.

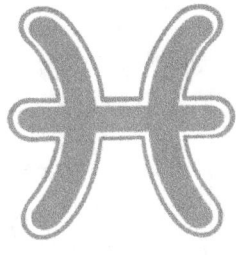

BERUFE, DIE FISCHE STÄRKEN!

Weil Fische so fürsorglich sind, wäre ein Job, bei dem sie sich um andere Menschen kümmern können, sehr erfüllend. Von Ärzten und Krankenschwestern bis hin zu Kinderbetreuung und sogar Tierbetreuung gibt es viele verschiedene Möglichkeiten, wie Fische ihre Zeit damit verbringen können, anderen zu helfen. Fische sind auch gute Therapeuten, weil sie in der Lage sind, sich auf die Gefühle anderer Menschen zu beziehen.

Eine weitere gute Option für Fische ist es, etwas Kreatives und Künstlerisches zu tun. Sie lieben es, etwas Neues zu entwerfen und herzustellen, Geschichten zu erzählen und der Welt wieder etwas mehr Magie hinzuzufügen. Ein normaler Bäcker kann Kuchen backen, aber ein Fische-Bäcker wird wunderbare Geburtstagskuchen herstellen, die die Show auf jeder Geburtstagsparty stehlen werden!

KAPITEL 6
WIDDER

Als der Tierkreis von antiken Astrologen erschaffen wurde, wählten sie das Startdatum als den Tag im Frühling, an dem sich die Sonne direkt über dem Erdäquator befindet. Dies wird die Frühlings-Tagundnachtgleiche genannt, und es ist ein besonderer Tag, weil die Länge des Tages und der Nacht genau gleich ist. Der Tierkreis beginnt an diesem Tag mit dem Widder, dem ersten Sternzeichen des Tierkreises.

Widder ist ein Sternbild, das wie ein riesiger Rammbock aussieht. In der griechischen Mythologie hatte dieser Widder ein seltenes, goldenes Vlies. Da Widder ein Feuerzeichen ist, ist seine besondere Farbe Rot. Der Widder wird auch vom roten Planeten Mars beherrscht. Mars ist der vierte Planet von der Sonne und soll die Menschen entschlossen sowie getrieben zum Erfolg machen.

Menschen, die unter dem Sternzeichen Widder geboren wurden, haben auch ihre eigenen Glückszahlen. Diese sind 1, 8 und 17. Es ist nicht wirklich verwunderlich, dass dies die Nummer eins einschließt, denn Widder lieben es, bei allem an erster Stelle zu stehen!

ALLES ÜBER DIE ERSTAUNLICHEN WIDDER!

Widder sind voller Energie. Sie müssen immer irgendwas tun, und sie können es nicht ertragen, sich zu langweilen. Was auch immer sie tun, Widder streben danach, der oder die Beste zu sein, weil sie sehr konkurrenzfähig sind. Ein Widder wird hart arbeiten und sich wirklich darauf konzentrieren, alles zu lernen, was er tun kann, um sich zu verbessern. Widder sind besonders gut in unabhängigen Sportarten wie Tennis, Golf und Schach, weil sie so fokussiert sind. (Sie sind aber auch ein tolles Teammitglied!)

Hast du etwas, das du mehr als alles andere liebst und dir wünschst, dass alle anderen es auch tun würden? Widder können wirklich leidenschaftlich und enthusiastisch sein, und sie lieben es, dies mit anderen zu teilen. Sobald ein Widder findet, was er liebt, ist er mit Herz und Seele dabei.

Sie sind auch wirklich entschlossen und hängen nicht gerne an einem Problem fest. Wenn du also ein Widder bist, nimm dir die Zeit, um über die beste Lösung für das Problem nach-zudenken, und hetze dich nicht! Dies kann einen großen Unterschied ausmachen.

Widder sind wirklich lustige Freunde, weil sie immer an aufregende Dinge denken, die jeder tun kann. Sie lieben es, neue Leute kennenzulernen und werden mit jedem sprechen, ohne sich schüchtern oder nervös zu fühlen. Widder machen sich nie Gedanken darüber, was die Leute von ihnen denken, weil sie wissen, dass sie großartig sind!

Es ist jedem klar, dass Widder ein Feuerzeichen ist, weil sie so viel Energie haben. Dieses Feuer stärkt auch ihre Emotionen und macht ihre inneren Gefühle sehr offensichtlich. Du musst nicht raten, in welcher Stimmung sie sind!

EIN WIDDER LIEBT ES, AKTIV ZU BLEIBEN!

Weil Widder die ganze Zeit so aktiv sind, wirft es sie aus der Bahn, wenn es eine Verzögerung oder eine Unterbrechung gibt. Wegen ihrer feurigen Natur können Widder nicht gut mit Langeweile umgehen. Obwohl dies einen mürrischen Widder erschaffen könnten, keine Sorge, sie heitern superschnell wieder auf!

Widder können sich auch frustriert fühlen, wenn sie glauben, dass sie nicht ihr Bestes gegeben haben. Widder fühlen sich beim Sport vielleicht wohler und würden ihr sportliches Talent lieber einsetzen, als drinnen zu bleiben. Dies ist eine wichtige Sache, an die man denken sollte, wenn man eine Karriere auswählt. Widder lieben es, Dinge zu tun, in denen sie gut sind, und möchten glänzen, indem sie ihre Fähigkeiten gut einsetzen.

VERBÜNDETE EINES WIDDERS!

Die anderen Feuerzeichen, Löwe und Schütze, werden immer eine gute Zeit mit einem Widder haben. Diese Zeichen sind alle voll mit derselben hellen Energie, und sie lieben es, zusammen aktiv zu sein. Leo und Schütze können mit den Gedanken und Ideen eines Widders mithalten und geben in einer Diskussion alles, was sie zu bieten haben.

Leo und Widder werden fast immer beste Freunde sein. Beide Zeichen lieben Abenteuer und die Erkundung neuer Dinge, so dass sie sich nie langweilen werden, wenn sie zusammenkommen. Widder und Leo sind beide wirklich gute Kommunikatoren. Sie hören sich gegenseitig zu, auch wenn sie unterschiedlich sind.

Ein weiteres Zeichen, das gut mit Widder auskommt, ist Waage. Sie befinden sich auf gegenüberliegenden Seiten des Tierkreises, und das bedeutet, dass sie entgegengesetzte Persönlichkeiten haben, aber das heißt auch, dass sie sich ausbalancieren. Widder lieben es, zu führen und Entscheidungen zu treffen, was für Waage spannend ist. Waagen sind ruhiger und sanfter, was bedeutet, dass sie nicht mit Widdern streiten und eher zustimmen als widersprechen.

ABENTEUERLICHE BESCHÄFTIGUNGEN FÜR WIDDER!

Widder lieben Herausforderungen und wollen oft eine Karriere, in der sie an die Spitze kommen können. Widder sind großartige Verkäufer, weil sie es einfach finden, mit anderen zu sprechen. So wie Lehrerinnen und Lehrer gute Noten und gutes Verhalten belohnen, gibt es in Verkaufsberufen oft etwas Ähnliches: einen Bonus, und Widder lieben es, nach einem Preis zu streben!

Widder sind auch großartige Manager. Sie lieben es, Teams zu leiten und Menschen zu inspirieren. In vielen Berufen in der Geschäftswelt werden Manager gebraucht, die Teams von Mitarbeitern leiten, also kann ein Widder immer einen Managementjob in einem Bereich finden, der ihn interessiert.

Weil Widder abenteuerlustig sind, werden sie einen Job genießen, der sie an neue Orte bringt. Als Reiseleiter zu arbeiten oder Touristen das Surfen zu lehren, wäre ideal. Sie können nicht nur viele interessante Menschen treffen, sondern auch ihr lokales Wissen demonstrieren. Sie unternehmen auch gerne viel an ihren freien Tagen, um alleine oder mit ihren Freunden auf Erkundungstour zu gehen.

KAPITEL 7
STIER

Das zweite Zeichen des Tierkreises ist ein weiteres starkes Tier: der große Bulle, der Stier. Stier ist ein Erdzeichen, und sein herrschender Planet ist Venus, der zweite Planet von der Sonne. Durch diese Kombination möchte sich der Stier mit allem und jedem verbunden fühlen. Sie sind sehr sensorisch orientiert, was bedeutet, dass Umarmungen von ihren Haustieren Stiere mit Sicherheit glücklich machen werden!

Als Erdzeichen ist es offensichtlich, warum die charakteristische Farbe des Stiers Grün ist, aber sie haben auch eine andere besondere Farbe: rosa. Sie haben auch spezielle Nummern, und diese können einem Stier Glück bringen. Die besonderen Zahlen des Stiers sind 2, 6, 9, 12 und 24.

KAPITEL 1

DER GRANDIOSE STIER!

Eine der Hauptqualitäten eines Erdzeichens ist, dass sie solide und zuverlässig sind. Menschen, die unter dem Sternzeichen Stier geboren werden, sind nicht anders. Du kannst dich darauf verlassen, dass ein Stier immer für dich da ist, wenn du ihn brauchst. Du kannst ihnen auch als Studienpartner vertrauen, da sie ihre Teile des Projekts definitiv abliefern werden.

Stiere sind auch fleißige Arbeiter. Sie werden nicht aufhören, bis ein Projekt vollständig abgeschlossen ist, auch wenn es viele Monate dauert. Wenn du jemanden brauchst, der dir hilft, ein langes Videospiel zu beenden, dann ist ein Stier der oder die Richtige. Es macht ihnen nichts aus, wenn ewig dauert, denn eine weitere gute Eigenschaft eines Stiers ist, dass sie sehr geduldig sind.

Man findet nicht oft einen Stier, der mit dem Kopf in den Wolken steckt. Stiere sind sehr bodenständig - was würde man sonst von einem Erdzeichen erwarten? - und obwohl sie die Kreativität fantastischer Welten und Ideen genießen, ziehen sie es oft vor, der Welt um sie herum Aufmerksamkeit zu schenken.

Stiere lieben es, kreativ zu sein und schöne Dinge zu machen, besonders wenn dies natürliche Elemente beinhaltet. Sie sind sehr zu Hause, wenn sie gärtnern und sich um bunte Blumen kümmern, aber sie mögen es vielleicht auch, zu kochen, zu malen und Musik zu spielen. Stiere sind sehr praktisch, also Dinge zu machen - oder sich um Dinge zu kümmern - die mit ihren Händen zu tun haben, wird ihnen Freude bereiten.

Während Feuerzeichen superschnell Freunde finden, nimmt sich Stier in dieser Hinsicht gerne Zeit. Wenn du mit einem Stier befreundet bist, kann es eine Freundschaft sein, die ein Leben lang hält! Stiere sind sehr hilfsbereite Freunde, und sie bieten immer Hilfe an: Wenn zum Beispiel deine Fahrradkette reißt, dann sind sie die Ersten, die dir helfen.

STIER SCHÄTZT ZEIT UND AUFGABEN!

Stiere sind manchmal so in der realen Welt verankert, dass sie es nicht aushalten können, wenn sich etwas ändert. Eine plötzliche Planänderung kann sie verärgern und sie nervös machen. Glücklicherweise reicht oft ein guter Klaps auf den Rücken und ein ruhiges Wort von ihren Freunden aus, damit sie sich wieder stabil fühlen.

Stiere denken die Dinge gerne sorgfältig durch und haben in der Regel ihren ganzen Tag geplant. Das bedeutet, dass sie es in der Regel mögen, wenn die Dinge nach Plan laufen, und dass sie es vorziehen, an ihrem Tag keine Veränderungen vorzunehmen.

VERBÜNDE DICH MIT EINEM STIER!

Die anderen Erdzeichen – Jungfrau und Steinbock - sind gute Freunde für einen Stier. Das liegt daran, dass sie alle in einer ähnlichen, praktischen Art und Weise denken. Stiere mögen es schwierig finden, mit den eher nach außen gerichteten Zeichen wie Löwe und Widder oder dem fantasievollen Wassermann, der immer von der Zukunft träumt, befreundet zu sein.

Hast du jemals das Sprichwort gehört, dass Gegensätze sich anziehen? Es gilt für Magnete, aber auch für Stiere und ihr gegenüberliegendes Sternzeichen, Skorpion. Anstatt sich gegenseitig mit ihren unterschiedlichen Denk- und Verhaltensweisen zu ärgern, werden sie durch das, was sie gemeinsam haben, angezogen. Stier und Skorpion sind beide sehr loyale und unterstützende Menschen, was wichtig ist, um eine starke Freundschaft aufzubauen. Der Skorpion kann dem Stier zeigen, wie er energiegeladen und aufgeregt über neue Abenteuer sein kann, und der Stier wird dem Skorpion beibringen, wie man Pläne schmiedet und zuverlässig ist.

TOLLE CHARAKTERZÜGE DER STIERE!

Es gibt viele Dinge an einem Stier, die sie zu wirklich guten Arbeitern machen. Jeder Beruf, in dem sie an Projekten arbeiten, Pläne schmieden und über kleine Details nachdenken müssen, wird einen Stier beschäftigen und auslasten. Stiere sind auch fantastisch darin, ihre Finanzen zu verwalten, so dass die Arbeit in einer Bank oder in der Finanzbranche genau das Richtige für sie wäre.

Die Arbeit in der Natur ist ein weiterer großer Weg für einen Stier. Sie würden gerne als Farmer arbeiten, sich um Tiere im Zoo kümmern oder Pflanzen als Botaniker studieren. Auch ein Job in einem Blumenladen oder als Landschaftsgärtner wäre für dieses erdige Zeichen interessant.

KAPITEL 8
ZWILLINGE

Dieses Zeichen ist nach zwei verschiedenen Personen aus der griechischen Mythologie benannt: den Zwillingen Castor und Pollux. Dies ist das dritte Zeichen des Tierkreises und ein weiteres Zeichen, das mit dem Element Luft verbunden ist. Zwillinge werden oft durch die Farbe Gelb dargestellt, was sie zu einem hellen und fröhlichen Zeichen macht.

Der herrschende Planet für alle Zwillinge ist Merkur, der Planet, der der Sonne am nächsten ist. Merkur war der Bote für die Götter, und dieser Planet macht Zwilling wirklich gut darin, mit anderen zu kommunizieren.

Alle Sternzeichen haben spezielle Zahlen, die als besonders glücklich gelten. Zwillinge haben die Zahlen 5, 7, 14 und 23. Wenn du ein Zwilling bist und diese Zahlen in deinem Leben bemerkst, könnte es ein Zeichen dafür sein, dass das Universum gute Dinge auf deinen Weg sendet.

BLICK AUF DIE TOLLEN ZWILLINGE!

Weil Zwillinge von zwei vertreten werden, haben sie eine ganze Menge Persönlichkeit kombiniert in einer Person. Manchmal scheint ein Zwilling von einem Verhalten zum anderen zu wechseln - von wirklich gesprächig und freundlich zu plötzlich ruhig und in sich gekehrt. Das ist völlig normal, und ein Teil des Spaßes, einen Zwilling zu kennen, ist, dass er so anpassungsfähig ist.

Anpassungsfähigkeit macht Zwillinge zu dem Zeichen, das am wenigsten stur ist. Sie lieben Veränderungen und suchen oft nach neuen Erfahrungen. Zwillinge stehen selten still und hängen gerne mit vielen Gruppen von Freunden ab, die verschiedene Aktivitäten und Projekte durchführen. Es ist eine gute Sache, dass sie so einfach Freunde finden, weil sie viele verschiedene Persönlichkeiten genießen, um sie zu beschäftigen.

Zwillinge lieben es zu reden, und sie sind glücklich, mit jedem und allen zu plaudern. Du wirst selten erleben, dass sie Streit mit Menschen anzetteln, die eine unterschiedliche Meinung haben. Tatsächlich wird ein Zwilling höchstwahrscheinlich seine Meinung ändern, wenn du ihm einige neue Fakten mitteilst.

Wenn du einen Zwilling Freund hast, dann bist du wirklich gesegnet, weil sie die sanftesten und freundlichsten Menschen sind. Sie sind auch unterhaltsam und sorgen dafür, dass ihr immer eine gute Zeit zusammen habt. Zwillinge kümmern sich sehr um ihre Freunde und werden dies zeigen, indem sie sie mit Bewunderung überschütten, wann immer sie die Chance bekommen.

ZWILLINGE GLÄNZEN IN GRUPPEN!

Weil Zwillinge immer auf der Suche nach etwas Neuem sind, treibt es sie zur Weißglut, immer wieder dasselbe zu tun. Wenn sie in den gleichen Routinen stecken bleiben, werden sie versuchen, auf jede erdenkliche Weise herauszukommen. Aber natürlich braucht jeder Routine wie Zähneputzen und Hausaufgaben, also gestalten Zwillinge es lieber lustig!

Zwillinge mögen es nicht, allein zu sein. Auch wenn sie Dinge wie Lesen, Musik hören und Filme sehen lieben, würden sie diese Dinge viel lieber mit ihren Freunden als allein tun. Wenn ein Zwilling entscheidet, dass er etwas Zeit für sich allein haben muss, wird es nicht lange dauern, und er wird bald wieder zu seinem sozialen Selbst zurückkehren.

MIT EINEM ZWILLING ZURECHTKOMMEN!

Es ist fast unmöglich, nicht mit einem Zwillinge zurechtzukommen, weil sie so aufgeschlossen und freundlich sind. Wasserzeichen können sich als schwierig erweisen, weil sie eine tiefere Freundschaft wollen, und Feuerzeichen lieben die soziale Energie, die die Zwillinge haben.

Aber die besten Zeichen, die mit einem Zwilling auskommen, sind die anderen Luftzeichen, Wassermann und Waage. Sie lieben es, lange, intelligente Diskussionen zu führen und gemeinsam neue Ideen und Abenteuer zu entwickeln.

Da Zwillinge ein Paar haben, das auf sie herabschaut, können sie sich manchmal wie zwei verschiedene Menschen fühlen. Sie brauchen einen guten Freund, der nichts dagegen hat, dass sie an einem Tag voller Energie stecken und am nächsten allein zu Hause sein wollen, und Zwillinge werden diesen Freund in einem Schützen finden. Schützen sind unbeschwert und gedeihen in sich verändernden Situationen, so dass sie kein Problem haben, mit den bunten Emotionen eines Zwillings umzugehen. Sie werden auch Zwillinge auf ihre Abenteuer mitnehmen und sie in viele aufregende neue Erfahrungen einführen.

TOLLE JOBS FÜR EINEN BEGABTEN ZWILLING!

Um in ihrer Karriere wirklich zufrieden zu sein, müssen Zwillinge einen Job haben, bei dem sie jeden Tag etwas anderes tun. Sie neigen dazu, sich zu langweilen, wenn sie an ein und demselben Projekt arbeiten, bis es fertig ist, und sie würden es vorziehen, sich mit verschiedenen Aktivitäten zu beschäftigen und so oft wie möglich in einer anderen Umgebung zu sein. Daher blühen Zwillinge in Jobs wie Fotografie oder Tour Management von Stars auf, wo sie jeden Tag einen neuen Ort besuchen und neue Leute treffen!

Andere gute Karrieren für Zwillinge beinhalten Situationen, in denen sie gut mit anderen kommunizieren müssen, wie zum Beispiel als Lehrer oder Tutor. Zwillinge sind nicht nur jeden Tag anders, sondern auch so freundlich und gesprächig, dass sie in der Lage sein werden, selbst mit den schwierigsten Schülern in Kontakt zu treten.

Zwillinge lieben es, ihr eigener Chef zu sein, also ist es ein Traumjob, als Freiberufler zu arbeiten oder ein eigenes Unternehmen zu führen. Wenn ein Zwilling für seine eigene

Karriere verantwortlich ist, kann er genau das tun, was er will und seine eigenen Interessen verfolgen. Wenn sie von dem inspiriert sind, was sie lieben, werden sie wirklich hart arbeiten, also ist es eine Win-Win-Situation.

KAPITEL 9
KREBS

Das vierte Tierkreiszeichen ist ein weiteres Wasserzeichen. Dieses Zeichen ist nach dem Sternbild einer Riesenkrabbe benannt. Man könnte meinen, dass die Farbe, die mit Krebs assoziiert wird, rot ist - wie eine Krabbe - aber es ist eigentlich weiß. Das macht Sinn, wenn man herausfindet, dass Krebs vom Mond beherrscht wird.

Tatsächlich ist Krebs eines von nur zwei Tierkreiszeichen, das keinen herrschenden Planeten hat. Der Mond ist kein Planet, aber er ist wirklich wichtig für die Erde, weil er hilft, die Gezeiten zu kontrollieren. Dies stärkt seine Verbindung mit Wasser, daher ist er natürlich mit dem Element Wasser assoziiert.

Krebs hat seine eigenen speziellen Zahlen, genau wie die anderen Sternzeichen. Diese sind 2, 3, 15 und 20. Halte die Augen offen und du kannst sie in deinem Leben als Glücksbringer auftauchen sehen.

MERKMALE EINES KREBSES!

Emotionen sind wirklich wichtig für alle Wasserzeichen. Es ist bekannt, dass Krebse ihre Entscheidungen emotional treffen und in der Regel von dem geleitet werden, was sie fühlen. Sie sind oft dafür bekannt, von ihrem Herzen geleitet zu werden: Wenn ein Krebs Eis zum Abendessen will, wird er das auch bekommen!

Krebse sind sehr gut darin, die Gefühle anderer nachzuempfinden, und sie werden alles tun, um sicherzustellen, dass sich ihre Freunde und Familie geliebt fühlen. Diese Menschen sind etwas ganz Besonderes für Krebse, und sie können sich nicht entspannt und zu Hause fühlen, wenn jemand, den sie lieben, unglücklich ist.

Obwohl Krebse gerne Kontakte knüpfen, gedeihen sie wirklich während ihrer „Allein-Zeit". Da Krebse während ihrer „Allein-Zeit" so unabhängig sind, fällt es ihnen leicht, konzentriert zu bleiben, ohne abgelenkt zu werden. Das bedeutet, dass sie wirklich gut darin sind, ihre Hausaufgaben zu erledigen oder ein Projekt fertigzustellen, an dem sie arbeiten, wie z. B. ein Gemälde oder ein tolles Videospiel zu programmieren!

KREBSE SIND RUHIG UND FÜRSORGLICH!

Es kann einige Zeit dauern, bis ein Krebs mit neuen Menschen warm wird, aber wenn sie es tun, wird es zu einer echten Freundschaft. Sie sind gesellig, aber manchmal ein wenig schüchtern. Sie schätzen einen Freund, dem sie vertrauen können, also halte deine kleinen Versprechen mit einem Krebs ein!

In der Nähe der Familie zu sein und zu Hause abzuhängen ist für einen Krebs wirklich wichtig, weil dies ihr Lieblingsort ist. Sie haben starke Familienwerte und werden ihr Rudel wie ein wahrer Held verteidigen! Du kannst dich immer darauf verlassen, dass ein Krebs zu dir steht, wenn du ihn am meisten brauchst.

GEFÄHRTEN FÜR EINEN KREBS!

Weil Krebse so im Einklang mit ihren Gefühlen sind, brauchen sie Freunde, die ihre stille Natur verstehen. Die Zeichen, die am besten geeignet sind, freundlich und sanft mit Krebs umzugehen, sind die anderen Wasserzeichen, Fische und Skorpione. Sie wissen, wie es sich anfühlt, sich der eigenen Emotionen bewusst zu sein, und können Krebs den Raum und das Verständnis geben, die sie benötigen, um sich wertgeschätzt zu fühlen.

Erdzeichen Steinbock und Waage kommen auch gut mit Krebs zurecht, weil sie stabil und geerdet sind. Sie sind beide loyal und respektieren, die harte Arbeit, die erforderlich ist, um das Vertrauen des Krebses zu gewinnen. Steinbock teilt auch die gleiche Arbeitsmoral wie Krebs - beide Zeichen konzentrieren sich gerne vollständig auf ihre Projekte - und sind daher ein großartiges Team. Waage und Krebs genießen beide einen super gemütlichen Raum, wo auch immer sie sind, daher weiß Waage, wie wichtig es ist, eine fantastische Umgebung für Krebs zu schaffen, in der er sich entspannen kann.

KREATIVE KARRIEREN FÜR EINEN KREBS!

Krebse wissen, wie wichtig es ist, eine komfortable Umgebung zu haben, daher wäre eine Karriere, in der sie anderen helfen, dies zu finden, sehr lohnend. Egal, ob sie als Makler, Dekorateur oder Innenarchitekt arbeiten, Krebse werden in der emotionalen Belohnung gedeihen, wenn sie ihre Kunden zufriedenstellen.

Architektur ist eine weitere großartige Berufswahl, die es Krebsen ermöglicht, die Häuser anderer zu gestalten. Architekten neigen dazu, selbstständig zu arbeiten, und ihre Entwürfe können viele Details enthalten. Beides ermöglicht es einem Krebs, am produktivsten zu sein.

In der Lage zu sein, die Emotionen anderer zu spüren, ist ein starkes Krebsmerkmal, und viele suchen oft eine Karriere, in der sie dies gut nutzen können. Krebse sind großartige Krankenschwestern, Kindermädchen, Sozialarbeiter und Heimpfleger. Sie lieben es, sich um andere zu kümmern, und behandeln jeden mit der gleichen Sorgfalt und dem gleichen Respekt.

KAPITEL 10
LÖWE

Dieses ausgehende Feuerzeichen ist das fünfte Zeichen des Tierkreises. Auf dem Tierkreisrad erscheint Löwe gegenüber dem Wassermann, was dir verrät, dass diese Zeichen entgegengesetzte Persönlichkeiten haben. Löwe, ist nach dem gleichnamigen Sternbild benannt, das den Nachthimmel durchstreift. Die Farben dieses Zeichens sind hell und feurig: Gold, Orange und Gelb.

Ein Löwe hat keinen herrschenden Planeten, sondern einen herrschenden Stern! Der Löwe wird von der Sonne regiert. Die Sonne ist der hellste Stern des Sonnensystems, und daher sind Löwen auch gerne der lebendigste Teil ihrer Familie und ihres Freundeskreises. Sie sind voller Leben und sie erhellen alle um sie herum!

Löwen sollten auf die folgenden speziellen Zahlen achten, die ihr ganzes Leben lang auftauchen: 1, 3, 10 und 19. Wenn du eine davon siehst, könnte es ein Zeichen dafür sein, dass du dich in die richtige Richtung bewegst.

ERFAHRE MEHR ÜBER DEN LEGENDÄREN LÖWEN!

Der Löwe ist der König des Dschungels, und Löwen neigen dazu, sich wie der Anführer des Rudels zu fühlen, wo immer sie hingehen. Sie lieben es, im Mittelpunkt zu stehen und all das zu genießen, was mit dem Star-Sein einhergeht. Nichts macht Löwen glücklicher, als ihre Talente und Persönlichkeit zu präsentieren, egal ob sie eine Performance geben oder in einer Gruppe sprechen.

Löwen sind großartig Partner für Schulprojekte, weil sie die Verantwortung übernehmen und alles organisieren. Sie werden auch mehr als glücklich sein, die finale Präsentation zu halten, weil sie es lieben, vor der Klasse zu sprechen. Sie bekommen all ihre Zuversicht von der herrschenden Sonne und können es kaum erwarten, dass sie glänzen.

Löwen haben ein gutes Herz und kümmern sich um jeden in ihrem Rudel, während sie unglaubliche Freunde finden. Sie sind immer bereit für lustige, energiegeladene und aufregende Aktivitäten, sodass du weißt, dass du eine gute Zeit haben wirst, wenn ein Löwe in deiner Gruppe ist.

LÖWEN LIEBEN ES, DIE FÜHRUNG ZU ÜBERNEHMEN!

Weil Löwen als sehr vertrauenswürdig erscheinen, vergessen die Leute oft, dass sie auch Gefühle haben. Behandle deine Leo-Freunde mit der gleichen Freundlichkeit und dem gleichen Mitgefühl, das du allen gibst.

Löwen sind dafür bekannt, eines der eigenwilligsten Zeichen zu sein. Sie wissen, was sie wollen und wie sie es erreichen wollen. Einen Löwen dazu zu bringen, seine Meinung zu ändern oder einen Kompromiss einzugehen, erfordert viel Verhandlung, weil Löwen nicht so leicht aufgeben. Dies kann eine gute Sache sein, wenn es ein Problem zu lösen gibt, denn Löwen werden so lange daran arbeiten, bis sie die Antwort gefunden haben!

FREUNDSCHAFTEN MIT EINEM LEO!

Andere Feuerzeichen, wie Widder und Schütze, haben die gleiche laute und lebendige Energie wie Löwen, alle zusammen in einem Raum, können ein Feuerwerk entfachen. Dies kann zu viel Spaß und Aufregung führen.

Andere Zeichen, die fantastische Freunde für Löwen sind, sind die Luftzeichen Zwillinge und Wassermann. Feuer braucht Luft, um zu brennen, also macht es absolut Sinn, dass Feuer- und Luftzeichen gute Freunde sein können. Die Luftzeichen lieben Herausforderungen, und mit einem Löwen energetisch mithalten zu wollen, ist genau das.

KARRIERE FÜR EINEN LÖWEN!

Löwen stehen gerne im Rampenlicht, daher ist jede Karriere, in der sie eine Hauptrolle übernehmen können, perfekt. Schauspieler oder Politiker zu sein, wird Löwen viele anbetende Fans bringen. Für diejenigen Löwen, die es vorziehen, ein wenig mehr im Hintergrund zu sein, aber dennoch den reichen und berühmten Lebensstil genießen möchten, gibt es viele alternative Karrieren, wie z. B. als Talent-Agent, persönlicher Assistent oder Fotograf.

Kreativität ist für Löwen selbstverständlich, so dass sie auch einen Job genießen werden, bei dem sie ihre künstlerische Natur nutzen können. Künstler oder Designer zu sein, könnte für einen Leo Spaß machen. Sie haben auch keine Angst vor harter Arbeit, daher werden sie gerne die nötigen Anstrengungen unternehmen, um ihre Arbeit zu vermarkten und sich einen Namen zu machen.

KAPITEL 11
JUNGFRAU

Jungfrau ist das fünfte Zeichen des Tierkreises und kommt zu der Zeit, wenn der Sommer in den Herbst übergeht. Als Erdzeichen fühlen sich die Jungfrauen sehr mit der Natur und den Veränderungen verbunden, die geschehen. Das Sternbild Jungfrau zeigt die Göttin der Ernte mit einem Weizenstängel.

Jungfrau folgt Löwe, und sie haben ähnliche Farben, aber die liebsten Farben der Jungfrau sind gedämpfter. Sie sind Hell-gelb, Beige und Grau. Der herrschende Planet der Jungfrauen ist Merkur - derselbe Planet, wie der, der Zwillinge. Dies hilft Jungfrauen, gut mit anderen zu kommunizieren.

Alle Sternzeichen haben einige Zahlen, die für sie Glück bedeuten können. Diese Zahlen können in deinem Leben willkürlich auftauchen oder du kannst sie für dein Sporttrikot oder als deine Spind-Kombination auswählen. Die Glückszahlen der Jungfrau sind 5, 14, 15, 23 und 32.

WICHTIGE FAKTEN ÜBER DIE LEBENDIGE JUNGFRAU!

Jungfrauen sind absolute Perfektionisten. Alles, was sie tun, bis ins kleinste Detail, muss das Beste sein. In der Schule sorgen Jungfrauen dafür, dass ihre Projekte vollgepackt mit tollen Informationen sind. Sie arbeiten immer hart und genießen praktische Aufgaben wie den Bau von Modellen und wissenschaftliche Experimente.

Sie schenken ihren Freundschaften die gleiche Aufmerksamkeit. Sie erinnern sich immer an den Geburtstag eines jeden, was ihr Lieblings-Essen ist und wer welche Sportarten mag. Sie arbeiten hart, um sicherzustellen, dass alle anderen Spaß haben, aber das kann bedeuten, dass sie nicht viel Zeit haben, um das zu tun, was sie möchten. Jungfrauen sind auch nicht gut darin, einfach nichts zu tun, also finden sie es schwierig, sich zu entspannen.

Jungfrauen können ein wenig hart zu sich selbst sein, wenn sie denken, dass sie nicht ihr Bestes gegeben und alle Energie reingesteckt haben. Sie müssen gute Freunde um sich haben, um sich daran zu erinnern, wie großartig sie sind!

WERTE DER JUNGFRAU!

Im Gegensatz zu den gesprächigen Feuer- und Luftzeichen können Jungfrauen schüchtern gegenüber Menschen und Gruppen sein, die sie nicht gut kennen. Sie würden viel lieber Zeit mit einer kleinen Gruppe guter Freunde verbringen, als zu einer großen, lauten Party zu gehen.

Jungfrauen sind sanft, liebevoll und fürsorglich, und sie bevorzugen es, mit anderen zusammen zu sein, die genauso fühlen. Sie schätzen es wirklich nicht, wenn jemand nicht freundlich ist, egal, unter welchen Umständen.

BESUCHER FÜR JUNGFRAU!

Jungfrauen fühlen sich am wohlsten, wenn sie Zeit mit anderen Erdzeichen verbringen. Sie teilen ihre bodenständige Denkweise und ihre Liebe zur Natur. Jungfrauen haben auch gute Freundschaften mit den Wasserzeichen Krebs und Fische.

Fische lassen sich gerne Zeit, um Freunde zu finden, weil sie wissen, dass dies zu einer tiefen Freundschaft führen wird. Krebs und Jungfrau arbeiten beide ähnlich - sie mögen es, alle Details richtigzumachen -, daher versteht der Krebs, dass die Jungfrau bei allem, was sie tut, genau aufpassen muss.

BERUFUNGEN DER JUNGFRAU!

Detailorientiert zu sein, macht Jungfrau ideal für Karrieren in Naturwissen-schaften und Mathematik. Buchhalter arbeiten mit den Finanzen anderer Menschen und stellen sicher, dass es keine Fehler in ihren Unterlagen gibt - etwas, das eine Jungfrau lieben würde. Es gibt viele Details, an denen man als Forscher arbeiten muss, und Jungfrauen machen sehr sorgfältige Wissenschaftler.

Jungfrauen sind gute Kommunikatoren, so dass sie auch gerne als Redakteure arbeiten würden. Es wäre ihre Aufgabe, sicher-zustellen, dass es keine Fehler in Büchern oder Texten gibt, bevor sie veröffentlicht werden. Sie haben viel Liebe zum Detail und würden sich nicht langweilen, auch wenn es Tage dauern würde, um alles durchzulesen. Sie würden auch gerne dabei helfen, Geschichten in die Welt hinauszusenden.

KAPITEL 12
WAAGE

Dieses Luftzeichen ist das siebte Tierkreiszeichen. Die Waage ist nach dem Sternbild benannt, das eine Waage darstellt. Dies hilft Waagen, ausgeglichen zu sein, und sie mögen es nicht, wenn Menschen zu Extremen neigen. Die Waage wird von der Venus beherrscht, was auch bedeutet, dass es ihnen um Harmonie geht.

Die Farben, die am häufigsten mit Waage in Verbindung gebracht werden, sind Rosa und Grün. Diese Farben mögen nicht gut zusammenpassen, aber es passt zu dem Teil von Waage's Persönlichkeit, der Frieden mit unterschiedlichen Seiten schließen will.

Waage hat eine Reihe von speziellen Zahlen, genau wie alle anderen Tierkreiszeichen. Diese sind 4, 6, 13, 15 und 24. Wenn du eine Waage bist, halte Ausschau, ob diese Zahlen in deinem Leben erscheinen. Wenn sie es tun, könnten sie bedeuten, dass du Glück haben wirst!

ERFAHRE MEHR ÜBER DIE TREUE WAAGE!

Waagen haben oft das Gefühl, dass es ihre Pflicht ist, alle Probleme der Welt zu lösen, und sie mögen nichts, was nicht fair ist. Waagen sind sehr gut darin, zu entscheiden, wie man Dinge gleichberechtigt teilt und Lösungen für Probleme zu finden, die für jeden geeignet sind. Wenn du in einer Gruppe arbeitest, kannst du dich auf die Waagen verlassen, um sicherzustellen, dass jede Person ihren fairen Anteil an der Arbeit leistet und am Ende das gleiche Lob erhält.

Wie andere Luftzeichen kämpfen Waagen nicht gerne. Sie sind sehr friedliche Menschen und halten sich so weit wie möglich von Streitigkeiten fern. Es ist jedoch nicht möglich, alle gleichzeitig glücklich zu machen, obwohl Waagen immer ihr Bestes geben. Sie sprechen gerne mit anderen und fühlen sich in Gruppen von Menschen wohl.

Wie man es von einem Zeichen erwarten würde, das keine Konflikte mag, sind Waagen sehr sanft und fürsorglich. Sie werden alles tun, um sicherzustellen, dass sie ihre Freunde nie verärgern. Waagen sind großartig darin, ihre Probleme zu besprechen und alle wissen zu lassen, wie sie sich fühlen, und sie können auch andere dazu inspirieren, dasselbe zu tun. Sobald sie alle zum Reden gebracht haben, können sie ihre diplomatischen Fähigkeiten einsetzen, um Probleme zu lösen.

Da Waagen nichts sagen oder tun, was jemanden verärgern könnte, warten sie oft ab, was andere sagen oder tun, bevor sie ihre eigene Meinung äußern. Das ist extrem rücksichtsvoll. Wenn du jedoch eine Waage bist, vergiss nicht, dass auch deine Meinung wichtig ist, und manchmal lohnt es sich, sie zu äußern!

WAAGEN HEBEN DEN GEIST UND HÖREN ZU!

Bei Waagen dreht sich alles um das Gleichgewicht, so dass sie es nicht ertragen können, Verletzungen zu sehen, und sie springen ein, um zu helfen, wann immer dies möglich ist. Sie werden wirklich wütend, wenn sie Dinge wie Mobbing oder Ungleichheit sehen. Dies könnte in ihrer eigenen Freundschaftsgruppe, in der Schule oder in der übrigen Welt sein. Wenn eine Waage etwas erkennt, das aus dem Gleichgewicht geraten ist, wird sie alles tun, um die Dinge wieder in Ordnung zu bringen, auch wenn sie das Problem nicht verursacht hat.

Waagen können kein Chaos ertragen! Sie schätzen und kümmern sich wirklich um ihre Sachen, wie Kleidung, Technologie, Spielzeug und Möbel. Das ist eine gute Nachricht für Eltern, denn eine Waage wird ihr Zimmer ordentlich halten, ohne dass man es ihr zweimal sagen muss!

LEBENSLANGE FREUNDE FÜR WAAGE!

Die Luftzeichen - Wassermann, Zwillinge und natürlich andere Waagen - werden Waagen am besten verstehen, und manchmal lebenslange gute Freundschaften schließen. Sie werden das Engagement für Gerechtigkeit von Waagen respektieren und nicht zum Spaß mit ihnen argumentieren.

Überraschenderweise kommen Waagen auch super mit Widdern und Schützen zurecht, obwohl sie Feuerzeichen sind. Sie verstehen Leidenschaft für Harmonie der Waagen. Widder ist das entgegengesetzte Zeichen zur Waage, was bedeutet, dass sie sich auf verschiedenen Seiten des Tierkreisrads befinden. Gegensätze können als Freunde wirklich gut zusammenarbeiten, weil sie das Verhalten des anderen ausgleichen. Waagen können Widder beruhigen und ihnen helfen, die andere Seite in einer Meinungsverschiedenheit zu sehen. Widder können Waage dazu inspirieren, selbstbewusster zu werden und für sich selbst einzutreten!

BERUFE FÜR EINE WAAGE!

Da Waagen sich der Bekämpfung von Ungerechtigkeit und der Wiederherstellung der Harmonie verschrieben haben, wählen sie gerne Karrieren, bei denen sie einen echten Unterschied machen können. Die Arbeit als Anwalt ist eine naheliegende Wahl, aber wenn das nicht nach Spaß klingt, gibt es andere Jobs, die mit dem Gesetz zu tun haben und eine Waage ebenfalls zufriedenstellen. Die juristische Sekretärin, der Gerichtsschreiber und der Richter könnten auch an den Gerechtigkeitssinn der Waage appellieren. Aufgrund des Ziels einer Waage, die Harmonie auf dem Planeten wiederherzustellen, können sie sich eine Karriere aussuchen, die der Umwelt hilft, z. B. Umwelt- oder Naturschützer!

Ein Berater oder Psychiater ist eine weitere gute Wahl. Beide Berufe beinhalten, anderen zu helfen, ihre Probleme zu besprechen, und das bedeutet, dass die Waage ihre hervorragenden Kommunikationsfähigkeiten nutzen kann. Ob sie Menschen helfen, einen inneren Konflikt oder eine Meinungsverschiedenheit mit einer anderen Person zu lösen, die Waage wird glücklich sein zu wissen, dass sie geholfen hat, ein wenig mehr Harmonie in die Welt zu bringen.

KAPITEL 13
SKORPION

Der Skorpion ist das achte Sternzeichen des Tierkreises und gehört zur Gruppe der Sternzeichen, die als Wasserzeichen bezeichnet werden. Dies ist seltsam, weil der Skorpion - das Tier, nach dem das Sternbild benannt ist - in der Wüste lebt, wo es sehr wenig Wasser gibt. Die Farben des Skorpions spiegeln dies wider, weil sie überhaupt keine Wasserfarben sind: Es sind scharlachrot, rot und rostig orange.

Der herrschende Planet für den Skorpion ist der Planet Pluto, obwohl er laut NASA nicht mehr zu unserem Sonnensystem gehört, kann er immer noch einen Einfluss auf unser Leben haben. Bei Pluto dreht sich alles um Veränderung und Transformation, und Skorpione haben oft mehrere Ebenen für ihre Gefühle und ihre Persönlichkeit.

Es gibt einige spezielle Nummern, die Skorpione vielleicht im Hinterkopf behalten möchten. Diese Zahlen können dir Glück bringen oder helfen, die richtige Wahl zu treffen, wenn sie in bestimmten Situationen auftauchen. Diese besonderen Zahlen sind 8, 11, 18 und 22.

BEGRÜSSEN WIR DEN SENSATIONELLEN SKORPION!

Wie die anderen Wasserzeichen ist ein Skorpion sehr im Einklang mit seinen Emotionen. Es sieht vielleicht nicht so aus, denn sie sind sehr gut darin, nach außen hin ruhig zu wirken, obwohl sie innerlich etwas aufgeregt sind. In der Lage zu sein, ruhig zu bleiben, auch wenn alles schiefläuft, ist etwas, das Skorpione zu natürlichen Führern macht!

Skorpione lieben es, bei allem, was sie tun, erfolgreich zu sein. Sobald sie wissen, was sie wollen, konzentrieren sie sich wirklich darauf, es zu bekommen. Es ist toll, mit ihnen zusammenzuarbeiten, denn du kannst sichergehen, dass sie sich ihrer Verantwortung nicht entziehen werden. Es ist nicht nur harte Arbeit, die Skorpione erfolgreich macht: Sie sind sehr charismatisch, lustig und unglaublich darin, Freunde zu finden!

Genau wie der Skorpion in der Natur, scheuen sich die Skorpione nicht, große Herausforderungen anzunehmen. Sie sind sehr mutig und werden immer für das eintreten, woran sie glauben. Du kannst dich darauf verlassen, dass Skorpione positive Veränderungen in der Welt vornehmen!

SKORPIONE SIND TREUE ZEICHEN!

Sobald ein Skorpion dir vertraut, öffnet er sich und teilt eine ganz neue Seite, von der du nicht wusstest, dass er sie hat. Einem Skorpion zu vertrauen, ist ein wahres Privileg, also stelle sicher, dass er sich auf dich verlassen kann.

Für ihre Überzeugungen einzutreten, ist ein Kernmerkmal des Skorpions, und wenn sie glauben, dass sie mit etwas recht haben, werden sie erbittert darum kämpfen! Wenn du jedoch eine andere Perspektive bietest, wird dich ein Skorpion stets anhören.

FREUNDSCHAFTEN FÜR SKORPION!

Skorpione verstehen sich sehr gut mit Wasserzeichen, weil sie ihre emotionalen Eigenschaften am besten verstehen. Krebs ist besonders gut mit Skorpionen, weil sie ihre versteckten Emotionen spüren können und genau wissen, was sie sagen sollen, um sie zu beruhigen.

Ein weiteres Zeichen, das gut mit Skorpion auskommt, ist Stier. Dieses geerdete Sternzeichen lässt sich von Skorpion nicht leicht entzünden, und im Gegenzug schätzt Skorpion die Zuverlässigkeit und Vorhersehbarkeit eines Stierfreundes.

ERFOLGREICHE BERUFE FÜR SKORPIONE!

Skorpione arbeiten hart an jeder Aufgabe, die ihnen gegeben wird, aber sie mögen Projekte, denen sie ihre Zeit widmen können. Sie lieben es, sich mit den Details zu befassen, daher ist ein Job als Forscher ideal. Allein zu arbeiten, passt zu einem Skorpion, und sie werden es genießen, anderen ihre Ergebnisse zu zeigen und ihr unglaubliches Wissen zu einem Thema zu teilen.

Ein weiterer guter Job wäre Ingenieur. Diese Karriere ermöglicht es einem Skorpion, den ganzen Tag damit zu verbringen, Probleme zu lösen. Sie werden es auch genießen, die Vorteile ihrer Arbeit in der Praxis zu sehen, und technische Projekte führen oft zu einer neuen Erfindung, einem neuen Gebäude oder einer neuen Infrastruktur.

Jeder Karrierepfad, der einem Skorpion die Chance gibt, sich selbst herauszufordern, wird ihn ansprechen. Sie genießen es überall die besten zu sein sowie ihren Erfolg, egal, wie viel harte Arbeit es erfordert. Etwa ein Detektiv oder ein Chirurg, wo ihr Engagement und ihre Stärken anerkannt werden, wäre ebenfalls eine ideale Wahl.

KAPITEL 14
SCHÜTZE

Dieses energetische Feuerzeichen ist das neunte Zeichen des Tierkreises und wird vom König der Planeten, Jupiter, dem fünften Planeten von der Sonne, regiert. Auf diesem Planeten dreht sich alles um positive Schwingungen, die denen, die unter seinem Einfluss stehen, Glück, Hoffnung, Wohlstand und Wachstum bringen. Schütze beeinflusst einige der dunkelsten Monate des Jahres, und um den Mangel an Licht auszugleichen, schafft dieses Sternzeichen einige der stimmungsaufhellensten Menschen.

Obwohl es sich um ein Feuerzeichen handelt, ist die einflussreiche Farbe für den Schützen Blau. Dies könnte eine Verbindung zu ihrer traditionellen Rolle als Heiler sein: Das

Sternbild des Schützen ist der Zentaur Chiron, der ein großer Lehrer und Heiler in der griechischen Mythologie war.

Der Schütze hat eine Reihe von speziellen Zahlen, die einen starken Einfluss auf das Leben von Menschen haben können, die unter diesem Zeichen geboren wurden. Diese Zahlen sind 3, 7, 9, 12 und 21. Wenn du ein Schütze bist, wirst du vielleicht diese Zahlen bemerken, die in deinem Leben auftauchen, um dir zu zeigen, dass du auf dem richtigen Weg bist.

DER AUFRICHTIGE SCHÜTZE IN DER HAUPTROLLE!

Nach dem intensiven Skorpion ist Schütze das genaue Gegenteil. Menschen, die unter diesem Zeichen geboren werden, sind ewige Optimisten, die immer das Beste in Menschen und Situationen sehen. Sie erwarten von allen, dass sie so gut und freundlich sind, wie sie selbst, und sind immer offen und ehrlich in Bezug auf diese Erwartungen.

Der Schütze liebt Menschen. Sie wollen immer neue Dinge über verschiedene Kulturen und Orte herausfinden, und der beste Weg, dies zu tun, ist, mit Menschen zu sprechen, die dort gelebt haben. Der Freundeskreis eines Schützen wird groß und mit allen möglichen unterschiedlichen Menschen besetzt sein, anstatt nur mit denen, die ihnen ähneln. Sie sind mehr als glücklich, Zeit mit Menschen zu verbringen, mit denen sie nichts gemeinsam haben: Der Schütze sieht dies als Gelegenheit, etwas Neues auszuprobieren, anstatt sofort eine Freundschaft abzuschreiben.

Da der Schütze immer versucht, etwas Neues zu lernen oder zu tun, kann er frustriert sein, wenn er in der gleichen Routine steckt. Sie lieben es, neue Dinge zu entdecken und sind wirklich gut darin, selbst zu forschen und zu lehren. Sie könnten auch feststellen, dass sie interessante neue Perspektiven bieten, an die du vorher nicht gedacht hast.

SCHÜTZEN SIND AUTARK!

Schützen lieben es, frei zu sein, ihren eigenen Weg zu gehen und ihre eigenen Grenzen zu setzen; sie marschieren wirklich zum Takt ihrer eigenen Trommel. Sie nehmen ihre Freunde mit auf die besten Abenteuer und bringen sie oft an Orte, an denen sie noch nie waren!

Ein Vorteil davon, so ein offenes und ehrliches Zeichen zu sein, ist, dass die Schützen sich nie scheuen, zu sagen, was sie denken. Sie ärgern sich nicht so leicht, aber natürlich möchten sie, dass ihre Meinungen geschätzt und nicht übersehen werden. Selbst wenn ein Schütze versehentlich etwas gesagt hat, dass jemand anderen verärgert hat, hat er es wahrscheinlich nicht so gemeint, denn er ist liebevoll und hilfsbereit.

DIE GESELLIGKEIT EINES SCHÜTZEN!

Widder sind ein ausgezeichneter Freund für Schützen, weil sie viele Dinge gemeinsam haben. Beide sind Feuerzeichen, was bedeutet, dass sie voller Energie sind und es lieben, aufregende und abenteuerliche Dinge zu erleben. Beide lieben es, neue Aktivitäten auszuprobieren, daher wäre der Besuch eines neuen Trampolinparks in der Stadt oder ein Essen in einer neuen Pizzeria die perfekte Zeit für dieses abenteuerliche Duo!

Zwillinge verstehen sich auch gut mit Schützen. Sie mögen keinen Stillstand und können es kaum erwarten, neue Dinge auszuprobieren. Gemeinsam werden Zwillinge und Schützen sich gegenseitig dazu drängen, neue Hobbys und Aktivitäten zu finden, die verhindern, dass ihnen jemals langweilig wird.

Der Schütze kann sich vielleicht nicht so schnell mit den Wasser- und Erdzeichen und ihrer Verbundenheit mit ihrem Zuhause identifizieren. Warum niederlassen, wenn die ganze Welt darauf wartet, erkundet zu werden? Wenn du jemanden kennst, der mit Stillstand ein Problem hat und immer etwas Neues ausprobieren muss, ist es sehr wahrscheinlich, dass er ein Schütze ist!

ARBEITSPLÄTZE FÜR SCHÜTZEN!

Schützen sind lustige Abenteuersuchende und würden sich über jeden Job freuen, der sie diese Seite ihrer Persönlichkeit genießen lässt. Die Reise- und Gastgewerbebranche ist ein großartiger Ausgangspunkt. Schützen arbeiten gerne im Reisebüro, wo sie anderen helfen können, ihren perfekten Urlaub zu gestalten. Das gibt ihnen auch den Insider-Pfad zu einigen tollen Reiseangeboten für ihren eigenen Urlaub!

Die kreative Seite eines Schützen kann eine große Bereicherung bei der Arbeit sein, und eine Karriere als freiberuflicher Künstler, Designer oder Architekt könnte genau das sein, was sie brauchen, um ihren einzigartigen Stil zu präsentieren. Mutige und abenteuerliche Designs machen Schützen keine Angst und sie genießen die Freiheit, als ihr eigener Chef an ihren eigenen Projekten zu arbeiten.

Ein repetitiver 9-5-Job wird die Begeisterung des Schützen wahrscheinlich hemmen, so dass er vielleicht lieber einen Job sucht, der etwas Abwechslung bietet. Der Beruf des Lehrers passt perfekt zu dieser Eigenschaft. Jeder Tag ist immer unterschiedlich und Schütze werden ihre exzellenten Kommunikationsfähigkeiten nutzen können, um die Kinder in ihrer Klasse zu inspirieren.

KAPITEL 15
STEINBOCK

Steinbock ist das zehnte Zeichen des Tierkreises und es beginnt am Ende eines Jahres, am 22. Dezember. Dieses Zeichen wird vom Sternbild Steinbock, der Ziegenfisch, dargestellt - einem Mythos -, der den Kopf und die Hufe einer Ziege, aber den Schwanz eines Fisches hat, ein bisschen wie eine Meerjungfrau!

Obwohl er im Meer lebt, ist der Steinbock ein Erdzeichen. Um dies widerzuspiegeln, wird das Zeichen mit neutralen, erdigen Farben assoziiert, einschließlich Braun und Schwarz. Der herrschende Planet für den Steinbock ist Saturn, der größte Planet in unserem Sonnensystem und der sechste Planet von der Sonne. Saturn ist der Planet der Verantwortung, Stärke und

Diskurse: Alle Qualitäten, die du in einem Steinbock finden wirst.

Genau wie alle anderen Sternzeichen hat Steinbock seine eigenen Glückszahlen. Diese sind 4, 8, 13 und 22. Diese Zahlen können dir in deinem Leben helfen, indem sie dich zu den richtigen Entscheidungen führen, also achte auf sie.

LASS UNS DEN COOLEN STEINBOCK FEIERN!

Steinböcke sind das Gegenteil ihrer Sternzeichen-Nachbarn Schützen. Sie lieben Struktur und Ordnung. Wenn du einem Steinbock klare Anweisungen gibst, wird er sie absolut befolgen, was ihn zu einem hervorragenden Lernpartner und Kollegen macht. Sie sind auch sehr diszipliniert und können sich lange auf die gleiche Aufgabe konzentrieren.

Ein Erdzeichen zu sein bedeutet, dass Steinböcke in der Realität sehr geerdet sind. Sie bevorzugen oft ruhigere Hobbys wie Lesen gegenüber aktiven Hobbys wie Sport, jedoch nicht immer.

Steinböcke geben ihren Freunden den gleichen Fokus, den sie ihrer Arbeit widmen würden, was sie zu ausgezeichneten Freunden macht. Ihre Zuverlässigkeit ist eine ihrer besten Qualitäten, so dass du sicher sein kannst, dass sie keinen Geburtstag, kein Fußballspiel oder alles, was dir viel bedeutet, verpassen.

STEINBÖCKE PFLEGEN TRADITIONEN!

Steinböcke schätzen ihre Grenzen wirklich und ändern nicht gerne die vertraute Art und Weise, wie sie Dinge tun. Sie befürchten oft, dass Veränderungen nichts Gutes verheißen werden, daher ist es wirklich wichtig, deine Steinbock-Freunde (oder dich selbst) daran zu erinnern, dass Veränderungen wirklich cool sein können! Stelle dir eine Welt vor, in der du deine Lieblingscornflakes oder Cartoons nicht entdeckt hast, weil du nichts Neues ausprobieren wolltest!

Weil Steinböcke keine Fans von Veränderung sind, bedeuten ihnen Traditionen viel. Dadurch sind sie ihren Familien sehr nahe und genießen es, die Erinnerungen an die Traditionen wieder aufleben zu lassen. Sie lieben es, sich an Dinge wie saisonale Feiertage und Familienurlaube zu erinnern und werden diejenigen sein, die viele Fotos machen! So etwas wie die Pizzeria, die ihre Familie zu jedem Geburtstag besucht, bedeutet ihnen die Welt und sie freuen sich jedes Jahr auf diese Dinge.

GENOSSEN FÜR STEINBOCK!

Steinböcke kommen mit allen Erdzeichen gut zurecht, vor allem aber mit dem Stier. Sie sind beide praktisch veranlagt und fleißige Arbeiter. Der Stier lebt in der Gegenwart, während Steinböcke in der Vergangenheit leben, aber diese beiden Ansichten funktionieren gut zusammen, wobei der Stier den Steinbock ermutigt, die Gegenwart zu schätzen.

Die Luftzeichen - die immer für die Zukunft planen - und die Feuerzeichen - die immer auf der Suche nach Spaß sind - könnten es schwierig finden, auf der gleichen ruhigen Ebene wie ein Steinbock zu sein. Obwohl sie interessante Freunde werden könnten, ziehen es Steinböcke in der Regel vor, sich zu Hause an vertrauteren und friedlicheren Aktivitäten zu beteiligen. Ein Zeichen, das einen ähnlichen Genuss von Wohnkomfort teilt, ist das Wasserzeichen Krebs. Steinbock und Krebs werden eine entspannte Freundschaft genießen, in der sie mit einem guten Film und etwas Popcorn zu Hause bleiben können.

KARRIERE FÜR EINEN ENGAGIERTEN STEINBOCK!

Steinböcke lieben es zu arbeiten und können es oft als schwierig empfinden, aufzuhören! Die Balance zwischen Studium, Karriere, Freunden und Familie zu finden, ist schwierig für dieses engagierte und angetriebene Erdzeichen. Sie wollen auch eine Karriere mit einer klaren Rolle, in der sie genau wissen, was von ihnen erwartet wird.

Ein Realschullehrer wäre der perfekte Job für einen hart arbeitenden Steinbock. Sie lieben die Planung und Organisation und sind geduldig genug, um mit dem schwierigen Verhalten einiger Teenager umzugehen. Die langen Schulferien zwingen Steinbock auch dazu, eine dringend benötigte Pause zu machen und einige entspannende Hobbys zu genießen und mit Freunden abzuhängen.

Eine weitere Karriere, die für Steinböcke gut geeignet ist, ist die eines Maklers. Harte Arbeit ist in dieser Branche von entscheidender Bedeutung, wenn man erfolgreich sein will, und die Steinböcke haben definitiv genug Antrieb und Entschlossenheit, um großartig zu sein! Es gibt auch die

Möglichkeit, die eigene Arbeitsbelastung zu verwalten, und die meisten Makler arbeiten allein oder in kleinen Teams, was einem Steinbock völlig entgegenkommt.

EIN TIERKREISSTEIN FÜR JEDES STERNZEICHEN

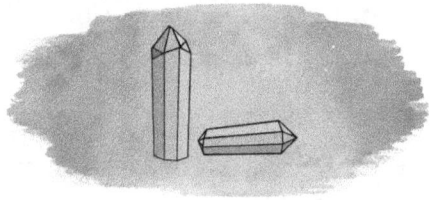

Wusstest du, dass jedes astrologische Zeichen mit einem speziellen Mineral oder Edelstein verbunden ist? Die meisten Menschen kennen Geburtssteine, aber Tierkreissteine sind etwas spezifischer. Einige Leute tragen diese kostbaren Edelsteine gerne bei sich, um Glück zu bringen, und andere haben sie einfach gerne als Dekoration oder in einer speziellen Schachtel oder Tasche. Willst du deinen Tierkreisstein kennenlernen?

TIERKREISSTEIN FÜR WASSERMANN: AMETHYST

Amethyst gibt es in verschiedenen Violett- und Lilatönen. Eines der Länder, das den meisten Amethyst produziert, ist Brasilien. Wenn du Amethyst mit Hitze behandelst (was bedeutet, ihn zu erhitzen), kann er einem Stein namens Citrine ähneln. Einige Menschen finden, dass dieser Stein zur Förderung der Ruhe beiträgt und Klarheit bei der Entscheidungsfindung schafft.

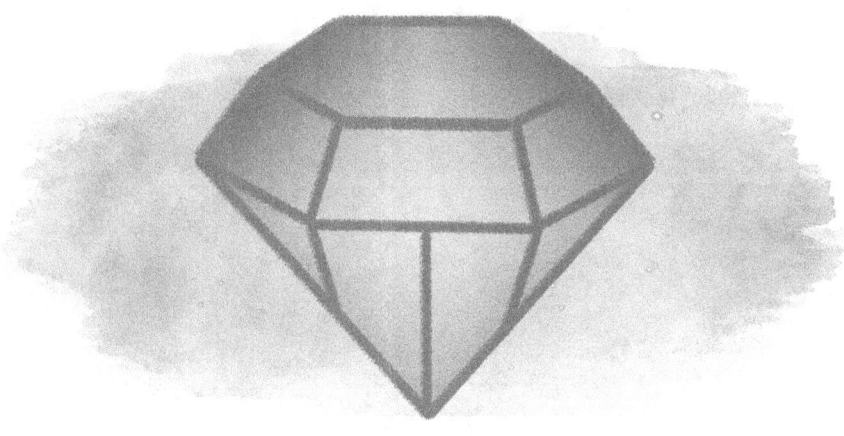

TIERKREISSTEIN FÜR FISCHE: AQUAMARIN

Dieser Stein hat seinen Namen von den lateinischen Wörtern „Aqua" und „Marina", was übersetzt „Wasser" und „Vom Meer" bedeutet. Es ist kein Wunder, warum dieser Stein nach Wasser und Meer benannten wurde; seine Farben reichen von Blautönen zu Grüntönen, die sich vermischen. Manche Menschen finden diesen Stein ermächtigend und hilfreich für klare Kommunikation!

TIERKREISSTEIN FÜR WIDDER: DIAMANT

Diamanten bestehen aus reinem Kohlenstoff, was bedeutet, dass sie das einzige Juwel auf dem Planeten sind, das nur aus einem Element besteht! Obwohl die häufigsten Diamanten durchsichtig (klar) sind, gibt es sie in einer Vielzahl von Farben wie Gelb, Rosa, Blau und vielen mehr. Der Diamant ist einer der vier wertvollsten Edelsteine der Welt. Einige Leute glauben, dass dieser machtvolle Stein innere Stärke fördert.

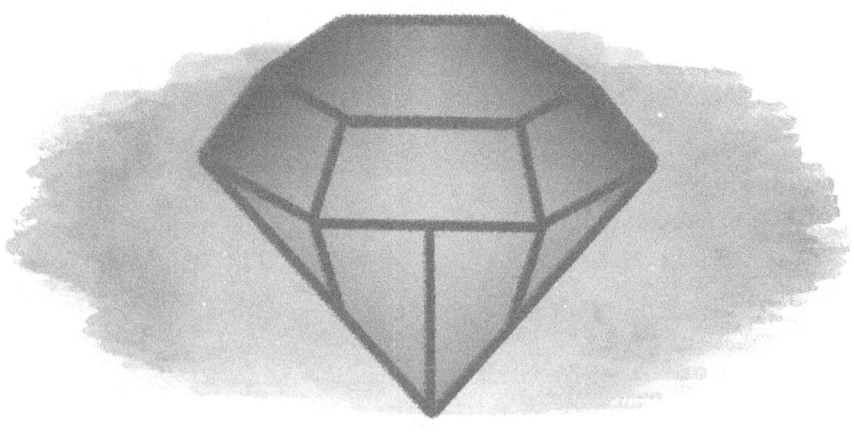

TIERKREISSTEIN FÜR STIER: SMARAGD

Der Smaragd ist einer der ältesten und meistgesuchten Steine in der Geschichte; tatsächlich war er der Favorit von Kleopatras, der Königinnen des alten Ägypten! Seine Farbe ist ein tiefes leuchtendes Grün. Der Smaragd ist einer der vier wertvollsten Edelsteine der Welt. Einige Leute glauben, dass dieser Stein Wohlstand (Wohlbefinden), Reichtum und ein Gefühl des Friedens fördert.

TIERKREISSTEIN FÜR ZWILLINGE: ACHAT

Es gibt so viele Arten von Achat, etwa Blauspitzenachat (blau), Moosachat (grün) und Feuerachat (rot). Diese Steine variieren in der Farbe, haben aber aufgrund der einzigartigen Streifen alle etwas gemeinsam. Bei diesen Steinen handelt es sich um eine Quarzart namens Chalcedon. Einige Leute glauben, dass dieser Stein die innere Stabilität fördert und das Bewusstsein erhöht.

TIERKREISSTEIN FÜR KREBS: RUBIN

Der Rubin hat seinen Namen von dem lateinischen Wort „rubens", was übersetzt „rot" bedeutet. Sie sind vor allem dafür bekannt, rot zu sein, können aber auch in einem Rosaton erscheinen. Der Rubin ist einer der vier wertvollsten Edelsteine der Welt. Einige Leute glauben, dass dieser Stein Vertrauen und Ausgeglichenheit fördert.

TIERKREISSTEIN FÜR LÖWE: PERIDOT

Peridot ist einer der wenigen Steine, die in nur einer Farbe, nämlich grün, erhältlich sind. Sie sind auch eine der wenigen Steine, die außerhalb der Erde gemeldet und in einigen Meteoriten gefunden wurden! Einige Leute glauben, dass dieser Stein Mitgefühl und Glück fördert!

TIERKREISSTEIN FÜR JUNGFRAU: BLAUER SAPHIR

Die Farbe des Saphirs ist ein tiefes, leuchtendes Blau. Saphirs Name leitet sich vom griechischen Wort „Sappheiros" ab, das übersetzt „blauer Stein" bedeutet. Der Saphir ist einer der vier wertvollsten Edelsteine der Welt. Einige Leute glauben, dass dieser Stein Selbstausdruck und Empathie fördert!

TIERKREISSTEIN FÜR WAAGE: OPAL

Der Name Opal leitet sich vom lateinischen Wort "opalus" ab, das in "Edelstein" übersetzt wird. Angeblich stammen etwa 95 % des Opals aus Australien. Die Farbe des Opals kann als milchig-weiße oder durchscheinende Farbe mit schimmernden Sprenkeln des Regenbogens beschrieben werden. Einige Leute glauben, dass dieser Stein Harmonie und Hoffnung fördert!

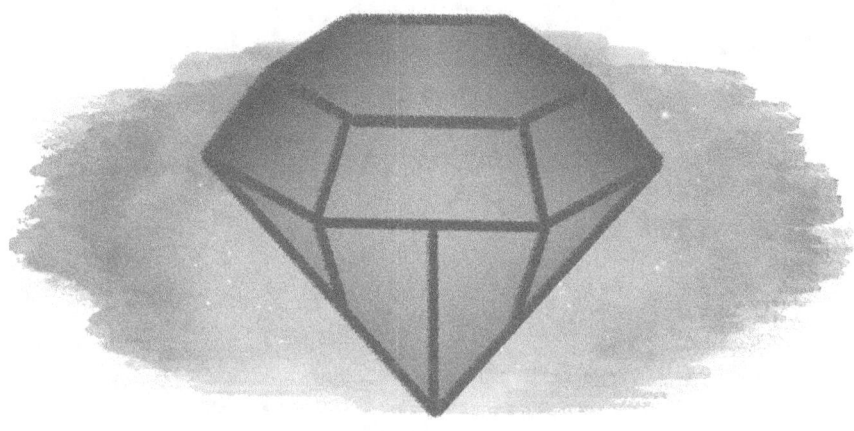

TIERKREISSTEIN FÜR SKORPION: TOPAS

Ein reiner Topas ist farblos, daher kann er oft mit einem Diamanten verwechselt werden. Sie kommen in vielen Schattierungen des Regenbogens, wie rot, blau, rosa, gelb und grün! Rot ist am seltensten und Blau am häufigsten. Einige Leute glauben, dass dieser Stein Freude und Begeisterung fördert!

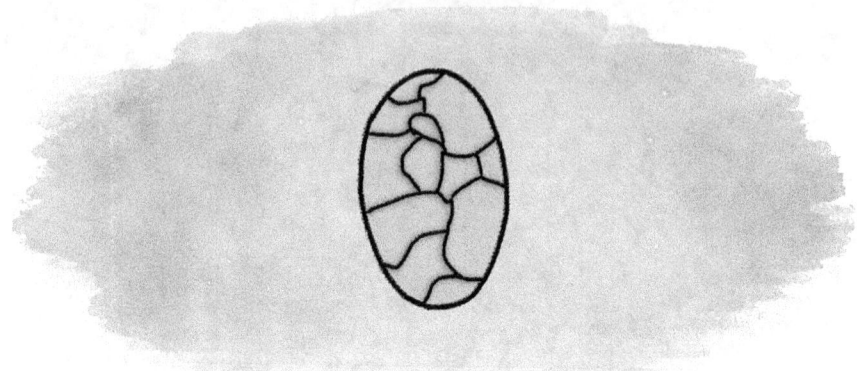

TIERKREISSTEIN FÜR SCHÜTZE: TÜRKIS

Der Türkis ist der einzige Edelstein der Welt, nach dem eine Farbe benannt wurde. Der Name Türkis leitet sich vom französischen Wort „turquoise" ab, was übersetzt „Türkisch" bedeutet. Einige Leute finden, dass dieser Stein Glück und Schutz fördert!

TIERKREISSTEIN FÜR STEINBOCK: GRANAT

Der Name Granat kommt vom griechischen Wort „granatum",
das übersetzt Samen oder Getreide bedeutet, weil es der Form
und Farbe eines Granatapfelsamens ähnelt. Meistens wird der
Granat mit Rot verbunden, aber es gibt ihn tatsächlich in
vielen verschiedene Farben, wie Grün, Rosa oder Gold!
Manche Menschen finden, dass dieser Stein zur Vertrauensbil-
dung beiträgt und ihr Selbstwertgefühl steigert!

FAZIT!

Hat es dir gefallen, etwas über die Sternzeichen zu erfahren? Ich wette, du weißt jetzt viel mehr als am Anfang. Du bist jetzt einer der Millionen Menschen, die im Laufe der Zeit angefangen haben, die Geheimnisse der Sterne zu lüften. Wenn dich das nächste Mal jemand fragt, was dein Sternzeichen ist, kannst du ihm eine eindeutige Antwort geben!

Jetzt, wo du alles über dein Sternzeichen weißt, kannst du dich auch selbst viel besser verstehen. Bist du ein Workaholic-Steinbock oder ein tagträumender Wassermann? Vielleicht bist du ein lebenslustiger Löwe oder ein Krebs, der es liebt, sich zu Hause zusammenzurollen. Wenn du dein Sternzeichen kennst, siehst du auch, wie einzigartig du und deine Freunde sind. Wenn deine Freunde es lieben, mit allen zu sprechen, aber du eher schüchtern bist, könnte das an den Sternen liegen!

Was aufregend ist, ist, dass alles, was du gerade gelernt hast, nur der Anfang ist. Astrologie ist viel mehr, als in ein Buch passt. Wenn du weiter forschen möchtest, gibt es noch eine Vielzahl an Möglichkeiten mehr zu lernen.

Eine Sache, die Menschen daran lieben, ihre Sternzeichen zu kennen, ist, dass sie ihr Horoskop lesen können. Ein Horoskop ist eine Vorhersage dessen, was passieren wird. Du kannst ein Tageshoroskop oder Jahreshoroskop machen lassen. Horoskope sind oft sehr allgemein gehalten und es liegt an dir, herauszufinden, wie sie sich auf dein Leben beziehen, aber es kann Spaß machen, zu lesen, dass du einen großartigen Tag haben wirst!

Nicht alle, die du triffst, werden an Astrologie glauben, und das ist in Ordnung. Nichts an Astrologie ist eine Tatsache; vielmehr soll sie ein Leitfaden sein. Nicht alles an deinem Sternzeichen trifft genau auf dich zu, aber einige Teile könnten sehr passend sein. Ob du die Astrologie als kleinen Spaß nutzen oder dich genauer damit befassen möchtest, bleibt dir überlassen. Es ist immer gut, etwas Neues zu lernen, und jetzt weißt du alles darüber, wie die Astrologie begann und was die verschiedenen Sternzeichen bedeuten!

Viel Spaß bei deinem Astrologie-Abenteuer! Vielen Dank fürs Lesen!

DEIN FEEDBACK WIRD GESCHÄTZT!

Hey! Ich habe gerade dein Tageshoroskop gelesen, und es stand etwas Erstaunliches darin!

Was?

Hier steht, dass dein Sternzeichen sehr freundlich ist und immer anderen hilft. Es hieß auch, dass heute ein großartiger Tag für gute Taten ist!

Wusstest du, dass du uns helfen kannst, indem du eine Bewertung für dieses Buch auf Amazon oder Audible hinterlässt?

Super, gut zu wissen, dass wir helfen können!

Als unabhängiges Verlagsteam, das durch den Weltraum fliegt, würde es uns das UNIVERSUM bedeuten, dein Feedback zu erhalten. Es wird uns helfen, bessere Bücher für dich zu schreiben und andere neugierige Köpfe anzuziehen!

Vielen Dank!

Aniela Publications

EXPERT
RESILIENCE

How Entrepreneurs Are Leading the Future in Mind, Mastery, and Meaning